ねぇ、お坊さん教えてよ

どうして
お葬式をするの？

浄土真宗本願寺派総合研究所

岡崎秀麿・冨島信海

はじめに ——本書に込めた願い——

浄土真宗本願寺派総合研究所
所長　丘山　願海

　浄土真宗本願寺派総合研究所では、平成23 (2011) 年より葬送儀礼研究を開始した。現在は、宗派が掲げる「宗務の基本方針及び具体策」において掲げられている「「念仏者の生き方」に学び、行動する」という基本方針に従い、「宗教的感動を共有できる法要や葬送儀礼を確立し、普及を図る」という事業を立ち上げ、研究活動に取り組んでいる。

　なぜ葬送儀礼研究が必要なのかについて、浄土真宗本願寺派総合研究所ブックレット№.22　教学シンポジウム記録・親鸞聖人の世界 (第5回)『現代における宗教の役割—葬儀の向こうにあるもの—』(本願寺出版社、2012) から２つの言葉を引用することで答えたい。

　　近年、書籍・雑誌を中心として「葬儀」をめぐる議論が活発になっています。現在では葬儀に対する意識が大きく変わり、葬儀の規模や形式をはじめ、葬儀そのものの要・不要さえも問題とされるようになってきました。　　　　　　　　　　　　　　　　　　　　　　　　　　　　　（3頁）

　　人びとの要請を受けて葬儀を執り行ってきた僧侶は、今では全く反対に、人びとから「何故、葬儀に僧侶が必要なのか?」という問いを向けられているのです。こうした現状において、僧侶が今後も葬儀における一定の役割を担おうとするならば、人びとから発せられている問いに、明確かつ納得のいく応答をしていく必要があるように思います。　　　（169頁）

　養老孟司氏が「人間の致死率は100パーセント」(『死の壁』新潮社、2004) と述べたように、人はいつか死ななければならない。そして、人が死ねば誰もが「葬られてきた」。

　葬儀は、故人にとっても遺族にとっても、それぞれ、人間が人間である

ことの証し。 （『宗報』2010年6月号巻頭言、満井秀城著）

だったはずである。しかしながら、人口減少、超高齢社会といった人口動態の変化と人びとの生活スタイルの変化、「多死社会」とも評される「死」の急激な増加と「死」の変容などが原因となり、人びとの価値観・死生観は大きく変わってきた。それによって、「なぜ葬儀をやらなければならないのか」「葬儀は費用がかかりすぎではないか」「伝統や慣習にしばられた葬儀ではなく自分らしい葬儀がしたい」などといった葬送儀礼への批判や疑問が噴出するようになった。

　こうした批判や疑問に「応え／答え」ていく必要がある。これが当研究所の葬送儀礼研究の大きな動機であり、これは2011年の研究開始以来、変わらない姿勢である。

　そこで本書では、さまざまな書籍、もしくは葬儀社さんのウェブサイトなどに記載されていた問いの中でも頻出度の高い問いに、「これまでは聞かれることもなかった／考えられることもなかった」ような「死んだらどうなるのか」「葬儀はなぜ行うのか」という問いを加えて取り上げ、一問一答の形式で掲載し、葬儀やお墓に関する一般の人びとの「問い」を、「そんなこと当たり前」だとは言わずに、ともに考えていくことを主眼としている。

　期せずして本書が発刊される前年の令和2（2020）年10月に、浄土真宗本願寺派第25代門主の大谷光淳さまが、一問一答の形式で仏教の教えを示された『令和版　仏の教え　阿弥陀さまにおまかせして生きる』（幻冬舎）を発刊された。

　その初め、「お伝えしたいこと〜序文にかえて」に、

　　新型コロナウイルス拡大という困難な状況の中で本書が発刊されます。それが、私たち僧侶自身にとっても、そして、現代に生きる一人ひとりの方にとっても、み教えに触れる機会になり、すべての人々が心豊かに共に生きることのできる社会の実現の機縁となりますことを心から願っています。
　　　　　　　　　　　　　　　　　　　　　　　　　　　　　　　　（7頁）

と記されている。本書が求めること、本書を執筆した2人の研究員の思いは、これと変わるところがない。

ねぇ、お坊さん教えてよ　どうしてお葬式をするの?　　もくじ

┌ コラム ▶ ──────────────────────── ··

お布施もキャッシュレス!? 53 ／祭壇・霊柩車の変遷 58 ／終活？ 63 ／けが
れ・ケガレ・穢れ 67 ／「家族」も「先祖」も変わる!? 71 ／会葬の心得 77
／「戒」と「律」 81 ／経帷子は使わない 85
·· ──────────────────────────────┘

Chapter 3 「法事」へのギモン

┌ コラム ▶ ──────────────────────── ··

迷信はすべてダメ？ 91 ／亡くなった後、彷徨う!? 96 ／お盆の由来 101 ／法
事にも地域差が!? 105 ／お寺の活用 110 ／「報恩講」のお斎 114 ／世々
生々の父母・兄弟なり 118
·· ──────────────────────────────┘

◆ 本書の活用法

　本書の中心は、「問いと答え」です。その「問い」には、「さまざまな書籍やホームページから収集した問いの中でも頻出度の高い質問」を中心として、「一般の方が抱く問い」「僧侶でなければ答えられない問い」を入れました。「問い」を見ていただくと、「お坊さん」に質問しにくいと考えられる内容も入っています。例えば、「離檀料」の質問や「法事をいつまで続けていいのか」といった問いです。こうした問いを中心にしたのは、「お坊さんに聞きたいけど、直接聞きにくい」といった問いに答えること、つまり、一般の方々が、「本当はお坊さんに聞きたいと思っているけど聞きづらいから、葬儀社さんや一般書籍で確認している」ことにできるだけ答えることを目的にしたからです。

　ですから、本書を手に取っていただいた方には、まず、本書での問いと答えで納得できるのか。あるいは、私ならこんなことが聞いてみたい。実は今こんな悩みがある。こういったことを考え、ご自身やご家族、ご親族の葬儀やお墓、仏事のことについて話し合う機会にしていただきたいと思います。そして、可能であれば、そうした機会にお坊さんも関わることができればと願っています。

　僧侶の方であれば、本書におさめられた問いと答えを見られて、答え方がご自身の立場と異なっていたり、答えが十分ではないとお考えの方も多いかもしれません。しかし、本書はあくまでも１つの応答の形を示し、一般の方と僧侶の方がともによりよき答えに至りつける場が整うことを願って執筆しています。その点をご理解いただき、ぜひ、普段の寺院活動や各種研修会などでもご活用いただければと思っています。そうした際、さまざまな話し合いが行われるよう論点や関連する問題点を挙げた「一緒に考えてみましょう」、

本文で詳述できなかったさまざまなテーマを紹介した「コラム」も
ご活用いただければと思います。

◆ 本書の構成

1. 問いとその答え

　さまざまな書籍やウェブサイトには、「死」や「葬儀」「墓」「仏壇」
などについての質問が数多く挙げられています。本書では、「頻出
度の高い問い」「一般の方が抱く問い」「僧侶でなければ答えられな
い問い」を挙げています。それぞれ数頁で完結しており、どの問い
からお読みいただいても構いませんし、どの部分を切り取って活用
していただいても構いません。

Ⓐ 質問事項　　Ⓑ 仏典のことば　　Ⓒ 質問への答え
Ⓓ 一緒に考えてみましょう　　Ⓔ コラム

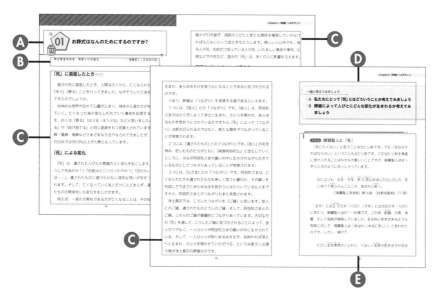

2.「仏典のことば（略解説）」

　各問いの直下に掲げた「仏典のことば」の概略や、それぞれのことばの意味について簡単に示したものです。「仏典のことば」にご興味をお持ちの方は、ぜひご参照ください。

3. 参考文献

　本書を執筆するにあたって参照した書籍・論文や、入門的な書籍などをピックアップしました。

4.「これでわかる！　浄土真宗の葬送儀礼」

　浄土真宗本願寺派における葬儀の歴史や意義について簡潔に記載しています。あくまで基本的な点だけですので、より詳細な解説については参考文献にあげている書籍をご確認いただきたいと思います。

＊なお、別巻『死んだらどうなるの?』の附録には「私の相談ノート」を掲載しています。どのようなことを「遺していく人」に伝えたいか。そして、「伝えたいこと」が「きちんと伝えたい人に伝えてもらえる」ようにしていくことを目的としています。併せてご活用ください。

【本書で用いた略称について】

・浄土真宗の葬送儀礼は、仏教の教え、親鸞聖人の教えなどに基づいて行われるものですから、仏典のことばに依るところも多くあります。本文には、しばしば仏典のことばを引用し、また「仏典のことば」に親しんでいただくために、「問い」の直下に関連のある文を掲載し、巻末にはそれぞれの略解説を附しています。

・本文中の引用文および「仏典のことば」は、主として本願寺出版社の『浄土真宗聖典（註釈版第2版）』及び『浄土真宗聖典（註釈版七祖篇）』を使用し、次のような略称で出典を示しています。

　　『浄土真宗聖典（註釈版第2版）』→『註釈版聖典』

　　『浄土真宗聖典（註釈版七祖篇）』→『註釈版七祖篇』

　　　※その他の出典については、「仏典のことば（略解説）」をご参照ください。

Chapter ①

「葬儀」へのギモン①

01 お葬式はなんのためにするのですか？

帰命無量寿如来　南無不可思議光　　　　　　　── 親鸞聖人「正信念仏偈」

「死」に直面したとき……

　誰かの死に直面したとき、人間は古くから、亡くなられた方を「弔う」「葬る」ことを行ってきました。なぜそうした行為を行ってきたのでしょうか。

　肉体的な限界が訪れて心臓が止まり、身体から温かさが失われていく。亡くなった後の変化し朽ちていく遺体を処理することを、古くは「葬る」（はぶる・ほうぶる）などと言いました。「放る」や「投げ捨てる」と同じ語源をもつ言葉とされています。土葬・風葬・鳥葬などさまざまな方法でなされてきましたが、現在の日本では99.9%以上が火葬となっています。

「死」による変化

　「死」は、遺された人びとの意識の上に変化を起こします。「どうして死ぬのか？」「死者はどこに行ったのか？」「自分もいつかは……」。遺されたものに避けられない深刻な問いが突きつけられます。そして、亡くなっていく故人だけにとどまらず、遺されたものの関係性にも変化を生じさせます。

　例えば、一家の大黒柱である方が亡くなることは、その役割を

誰かが引き継ぎ、周囲の人びとと新たな関係を構築していかなければならないという変化をもたらします。親しい人以外でも、有名人の死、名前だけ知っている人の死、いたましい事故や事件、災害などでの死など、誰かの「死」は、多くの人に影響を与えます。

葬儀をプロセスとして捉える

「死」におののき、「死」を悼み、「死」を恐れ、「死」を悲しみ、「死」から「生」を省みる。さまざまな変化をもたらす「死」という厳粛な事実に向きあう場が「葬儀」です。

だからこそ「葬儀」は、一回、数時間で終わるものではなく、臨終から始まる儀礼の一連のプロセスとして理解する必要があります。浄土真宗においては、臨終以降、火葬、収骨、還骨に至るまでの全体を指して「葬儀」と考えています［参照→附録「これでわかる！浄土真宗の葬送儀礼」］。

葬儀はご縁が結ばれる場

葬儀は、「先立たれた方」（故人）とご縁ある「遺されたもの」（ご遺族やご参列の方々）が集まって、ともに「死」を悼み、悲しむ中で行われます。葬儀では、故人を偲びつつ故人のさまざまなことが語られながら、儀礼が執り行われます。そのことを通して、一人ひとりが「故人の死」という事実、そして、一人ひとりの命もまた限りあるものであるという事実に向きあってきたのです。そうした中で、悲しみ、苦しみから私たちを救おうとする阿弥陀さまの願いに出遇い、「死」は終わりではなく、阿弥陀さまの浄土に

11

生まれ、あらゆるものを救う仏に成ることであると気づかされるのです。

　つまり、葬儀は「つながり」を実感する場であるといえます。

　1つには、「故人」との「つながり」です。「故人」は、阿弥陀さまのはたらきによって浄土に生まれ、さとりを開かれ、あらゆるものを救おうとされているのですから、「死」によって「つながり」は断ち切られるのではなく、新たな関係でつながっていることが実感されます。

　2つには、「遺されたもの」との「つながり」です。「故人」の死を悼み、悲しむものたちがともに「南無阿弥陀仏」と念仏していくところに、みなが阿弥陀さまの願いの中に生かされながら生きているものとしてつながりあっていることが実感されます。

　3つには、「仏さま」との「つながり」です。阿弥陀さまは、亡くなられた方も遺されたものも等しく救うと願われ、その願いを完成して今まさにあらゆる命を救おうとはたらいている仏さまですから、阿弥陀さまとのつながりもまた実感されます。

　浄土真宗では、こうしたつながりを「ご縁」と言います。故人とのご縁、遺されたものどうしのご縁、そして、阿弥陀さまとのご縁。これらのご縁が重層的につながりあっています。大切な方の「死」を通して、こうしたご縁に気づかされることによって、故人だけでなく、一人ひとりが阿弥陀さまの願いの中に生かされている、そして、一人ひとりが限りある命を生き、命終われば浄土へと生まれ、さとりを開かせていただける、というみ教えに出遇う場が浄土真宗の葬儀なのです。

一緒に考えてみましょう

▸ A 私たちにとって「死」とはどういうことか考えてみましょう
▸ B 葬儀によって人びとにどんな変化が生まれるか考えてみましょう

コラム 親鸞聖人と「死」

「死にたくない」と思うことは当たり前です。でも「死ななければならない」ということも当たり前です。この当たり前を素直に受け入れることはなかなか難しいことですが、親鸞聖人ははっきりと次のようにおっしゃっています。

> なによりも、去年・今年、老少男女おほくのひとびとの、死にあひて候ふらんことこそ、あはれに候へ。
>
> （『親鸞聖人御消息』第16通、『註釈版聖典』771頁）

「去年」とは正元元年（1259）、「今年」とは文応元年（1260）にあたり、親鸞聖人は87〜88歳です。この頃、飢饉、災害、地震、そして疫病が頻発していました。至る所に死体があるような現実に対して、親鸞聖人は「あはれ」（本当に悲しい）と言われたのです。しかし、続けて、

> ただし生死無常のことわり、くはしく如来の説きおかせおは

しまして候ふうへは、おどろきおぼしめすべからず候ふ。

と述べられています。生まれれば、死ななければならない。しかし、いつ、だれが、どのように死んでいくかはわからない。この「生死無常のことわり」は、お釈迦さまが詳しく説かれたことなのだから、「おどろきおぼしめすべからず候ふ」（驚くようなことではない）とおっしゃるのです。

　親鸞聖人の前には、私たちの想像を超えるような現実があり、「死」を前にした悲しみ、苦しみが日常を支配していたことと思います。そのような中で、「驚くことではない」との仏さまのことばを、真摯に受け止める。仏法に出遇うことの大切さを親鸞聖人は述べられているのではないでしょうか。

02 お葬式にお坊さんがいないとだめですか?

本願力にあひぬれば　むなしくすぐるひとぞなき

功徳の宝海みちみちて　煩悩の濁水へだてなし　　──親鸞聖人『高僧和讃』

誰でもできるのでは？

　みなさんは葬儀に参列されたとき、お坊さんに対して何か感じられたことはありますか？

　「お経、長いな」

　「あれは何をやっているんだろう」

と、なんとなく疑問を感じたり、

　「なんでよく意味の分からないことをしてるんだ！」

といった、釈然としない思いをもたれている方もいらっしゃるかと思います。

　また近年は、家族だけで故人の死を弔う、あるいは、「直葬」などといわれる形でお坊さんを呼ばずに葬儀を終える、といった方も多くなってきているようです。こうしたことも相まって、ご質問のように、「もしかして、お坊さんを呼ばなくてもいいのでは？」とお思いになったのでしょうか。

読経について考える

　「葬儀にお坊さんがいなければ、故人をきちんと供養できませ

ん。いつか遺族・親族に悪いことが起こりますよ！」
という返答もあるかもしれませんが、浄土真宗ではそういったこ
とは言いません。そこで一度、基本的なことから見直してみたい
と思います。

　おそらくみなさまは、「お坊さんを葬儀や法事に呼ぶ」といった
ことと同じようなニュアンスで、「お坊さんにお経をあげてもらう」
と言いますよね。ここから考えると、お坊さんに求められる重要
な役目として、「お経を読む（読経）」ことがあげられます。

　お葬式では、お坊さんが主導して読経しています。浄土真宗で
は、主として親鸞聖人が制作された「正信念仏偈」（正信偈）を
用いますが、これらは日常のおつとめとしても用いられています
から、親しみのある方も多いのではないでしょうか。

　「お経を読むだけなら、誰でもできるんじゃないの？」

　「となると……お坊さん呼ばなくてもいいのでは!?」

とお思いの方、ちょっと待ってください。

「導師」とは

　葬儀の際に、お坊さんのことを指して「導師」という言葉が使
われています。これは、「葬儀」という一連の儀礼をリードして執
り行うという意味があります（他の宗派では、引導を渡す僧侶をさ
してもいます）。そのリードの際、最初に行うのが「三奉請」と呼
ばれるものです。

奉請弥陀如来　入道場　散華楽

奉請 釈迦如来　入道場　散華楽
ぶじょうしゃかにょらい

奉請 十方如来　入道場　散華楽
ぶじょうじっぽうにょらい

　これは、阿弥陀さま、お釈迦さま、そしてあらゆる仏がたを、葬儀が行われる場 (道場) にお招きするという意味があります [参照→本願寺仏教音楽・儀礼研究所ニューズレター「仏教儀礼」第11号 (2010年6月)]。その上で、なぜ今から「葬儀」という儀礼を行うのかを申しあげ (これを「表白」といいます [参照→25頁])、その
ひょうびゃく
後に読経をはじめます。

　ちなみに、「正信念仏偈」に続けて、「念仏」と「和讃」をあげますが、ここはかなり複雑な節譜ですので、お坊さんでなければ難
せつふ
しい部分でしょう。

仏さまとの時空間を作る

　葬儀をはじめとする浄土真宗の儀礼は、仏さまの前で時間をともにすることを大切にしており、そうした場 (空間) を参列の方々を代表して作り上げていく役目が僧侶にはあります。お坊さんは、お経を読むばかりでなく、有縁の人が集まって行う葬儀において、「なぜお葬式をするのか」、そして「これから行うお葬式の基盤となる浄土真宗のみ教えとは何なのか」を、一連の葬送儀礼における「読経」や「法話」などを通して伝える役割を担っているのです。

　大切な人の死を縁として、有縁の方々が集うのがお葬式です。故人を偲びつつ、

　「亡くなられた方も、遺されたものも、みなが救われていく世

界がある」

このみ教えを聞いていくことが、浄土真宗のお葬式を行う上での大切な意味です。お経には、故人の行く先や、私たちのこれから歩むべき道が示されています。お坊さんはそのことをお伝えするために、「導師」として葬儀を執り行っています。

葬儀の際には、ぜひお坊さんをお呼びいただきたいと思います。

一緒に考えてみましょう

▶ **A お葬式ではどんなことをしているか確認してみましょう**

▶ **B 読経されているお経について調べてみましょう**

コラム 「自分らしい葬儀」「迷惑をかけない葬儀」

「葬儀」は「死者」がいてはじめて成り立つ、または、「生きている人が死者のために行う」のが「葬儀」とも言えます。かつては、「死者」の死を悼み、悲しむ地域の方々がさまざまな役割を担って行われてきた葬儀ですが、近年は、死にゆく方の思いが強く入った葬儀が行われるようになってきているようです。

その1つとして、「自分らしい葬儀」という言葉が挙げられます。「自分が〈死んだ自分〉のための葬儀を設計して、そこに他の人が参列する」ことが多いのだとしたら、「弔う」という感覚が変化しているのかもしれません。

　一方、最近よく聞く言葉に、「迷惑かけたくない」というものがあります。これは、自分の葬儀が、子どもや孫、親族、地域の人に「迷惑をかけるかもしれない」「負担になるのではないか」という意識が背景にあるようです。

　こうした言葉に代表されるような、葬儀に対する人びとの意識の変化は、「社会の変化」「人びとの価値観の変化」「生活環境の変化」そのものを表していると言えます。そして、大事なことは、「葬儀」が「誰かの死」がないと行われないということは、そうした変化が明確に葬儀の執り行われ方に現れていると考えられることです。新型コロナウイルス感染症が猛威をふるい、いつ終息するかもわからない状況の中、今後「葬儀」にどんな変化が起きてくるのかをきちんと確認し、対応していく必要があります。

03 お葬式にお坊さんをたくさん呼ぶと、仏教的にいいことがありますか?

清風、時に発りて五つの音声を出す。微妙にして宮商、自然にあひ和す。

—— 『仏説無量寿経』

葬式に行くと……

　残念ながら、葬儀に参列する機会は、年をとるにつれて増えていきます。その中で、「お坊さんの人数」の違いにも気づかれたのかもしれません。そして、「お坊さん」が多いなら、

　「故人が死後、いい場所に行けるかもしれない」

　「なんとか手助けになれば」

などとお思いの方もいらっしゃるかもしれません。

　お坊さんの数は、浄土真宗では明確にきまっていませんが、お葬式にもさまざまな場面や役割がありますので、複数のお坊さんが分担して執り行うことが想定されています。そのため、複数のお坊さんでなければならないこともありますが、地域によって事情が異なることもありますし、近年は葬儀の規模が縮小されることにともなってお坊さん1人の場合も増えているようです。

そもそも手助けできる?

　浄土真宗のみ教えでは、亡くなられた方は、命を終えると浄土に生まれ、さとりを開きます。この「浄土に往生してさとりを開

く」ことに、「お坊さんの力」はまったく無関係です。いくらお坊さんでも、亡くなられた方の行く先を定めたり、手助けする力はありません。関係するのはお坊さんではなくて、「必ず救う、われにまかせよ」とつねによびかけられている阿弥陀さまです。

ですから、「仏教的にいいこと」を「故人が救われたかどうか」と考えるならば、お坊さんが多くいても、たとえ1人であっても、そのことにはまったく関係ありません。

念仏が響く

もう少し考えてみましょう。お坊さんが多いことによる「いいこと」が全くないというわけではありません。

例えば、お経に迫力が出ることです。読経のプロであるお坊さんが1人でも多いとお経を読む声も大きくなりますし、さまざまな声が響き合うことで、独特の雰囲気が醸成され、荘厳な雰囲気に包まれるでしょう。もちろん、お経に迫力を出すために多くのお坊さんを呼ばなければいけない、というわけではありません。そもそも浄土真宗では、お坊さんしかお経を読めないとは考えていません。さらにいえば、みなさまにも一緒にお経を読んでほしいとも考えています。

お坊さんを多く呼ぶと、「いいこと」はあるのかもしれませんが、大切なのは、遺族、参列者など、葬儀の場に寄り集まったみなが、ともに故人の生前を偲びつつ、仏さまの話を聞くことです。お坊さんの人数ではなく、お葬式の意味こそを大切にしていただきたいと思います。

‣ **A　なぜお坊さんが多いほうがいいと考えるのでしょうか**
‣ **B　浄土真宗の葬儀で「正信念仏偈」を用いる理由を考えてみましょう**

コラム 蓮如上人と『正信偈和讃』

　親鸞聖人がどのようなおつとめをしていたのか。このことは定かではありません。本願寺では、古くは浄土教で広く使われていた、例えば中国・唐の時代に活躍された善導大師（613-681）の『往生礼讃』などを用いていたようです。そんな中、本願寺第8代蓮如上人（1415-1499）は、おつとめの大改革を行われました。そう、普段のおつとめに「正信偈和讃」を用いることです。文明5年（1473）には『正信偈和讃』が刊行されました。本願寺で初めての出版です。こうして、現在、浄土真宗のおつとめで使われているものが、ここに定められたのです。

　蓮如上人と『正信偈和讃』の関係は、それにとどまりません。ご自身が亡くなる前に、お葬式について遺言されていますが、その遺言には、「『正信偈和讃』を用いること」が示されています。第9代実如上人（1458-1525）らは、その遺言にしたがって蓮如上人のお葬式を行いました。そして、その後の本願寺歴代宗主のお葬式などもそれを踏襲する形で行われ、現在行われている浄土真宗のお葬式が形作られてきたのです。

　実は、蓮如上人のお父さまである本願寺第7代存如上人（1396-1457）が、親鸞聖人の「正信念仏偈」や「三帖和讃」に注目していたと考えられています。蓮如上人は、若い頃から存如上人を補佐されていました。存如上人の教えを受け継いで、私たちの日常からお葬式にいたるまでのおつとめの形式を整えられたのだと考えられます。

　親鸞聖人のみ教えを何とかわかりやすく、みなに伝えたい、みなと共有したいという、多くの方の想いが込められているのが『正信偈和讃』のおつとめなのです。

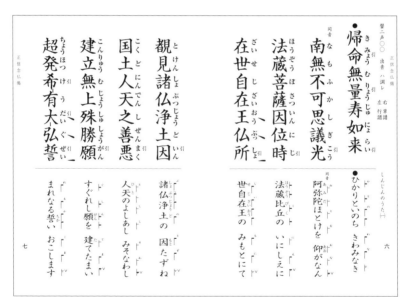

日常勤行聖典（本願寺出版社）　　正信念仏偈

Q. 04 友人に浄土真宗以外のお坊さんがいます。 彼にお葬式を頼んでも良いですか?

弥陀の本願と申すは、名号をとなへんものをば極楽へ迎へんと誓はせたまひたるを、ふかく信じてとなふるがめでたきことにて候ふなり。

——『親鸞聖人御消息』

友人でもいいですけど……

　お葬式を依頼するときは、普段からお付き合いのあるお寺、例えば、法事やお盆参り、あるいは以前に葬儀を依頼したことがあるお坊さんにお願いすることが多いと思います。しかし、近年はそうしたお付き合いがないご家庭が多くなり、葬儀社やインターネットなどで「僧侶派遣」をお願いする方も増えてきているようです。

　ご質問のように、お坊さんである友人の方にお葬式を依頼するということは、故人と友人の方が親しいご関係にあるか、質問者がそのお坊さんを信頼されている、といった理由だと想像します。やはり「大切な方」の葬儀であれば、信頼できる方に依頼したいとお考えなのかもしれません。

これまでと、これからと

　質問内容について考えてみますと、「手次寺 (いわゆる菩提寺) ではないお寺に頼むこと」と、「宗派が違う人に頼むこと」という、2

つの問題が潜んでいるようです。

　まず、お寺についてです。葬儀は、故人の死を悲しむ人びと、すなわち、故人と縁のある方々が寄り集まって営まれるものです。葬儀社さんなどは、あくまでお手伝いですから、やはりご遺族、ご親族、地域の方々が中心です。そしてご遺族やご親族にとって、長年付き合いのあるお寺ではないことに違和感を覚える方もいらっしゃるかもしれませんし、そのお寺にお墓がある場合もあるでしょう。お寺との付き合いは、葬儀1回だけでなく、法事・祥月命日・月忌・お盆参りなどさまざまに続いていきますから、トラブルにならないよう、中長期的に考えていただきたいと思います。

「表白」に注目！

　次に、浄土真宗ではないお坊さんに頼むことについてです。もしかしたらどの宗派に頼んでも「葬儀」は同じだとお考えなのかもしれません。そこで私としては、浄土真宗の葬儀の内容や意義をぜひお知りになってから、考えていただきたいと思っています[参照→附録「これでわかる！浄土真宗の葬送儀礼」]。

　有縁の方々が集う中で、故人がどのように生きてきて、亡くなっていかれたか。私たちはその「死」をどう受け止めていくのか。そのことを阿弥陀さまのみ教えの中で聞いていくのが、浄土真宗の葬儀です。そのお葬式では、お経を読む前に、大切なことを行っています。「表白」とよばれるもので、簡単に言いますと、次のような内容です。

阿弥陀さま

私たちにとって　大切な人が亡くなりました

いま大切な方の死を縁として　有縁のものが集っています

阿弥陀さまは　亡くなられた人も遺された人も

みなお救いくださると誓われております

遺された私たちは　仏さまのみ教えを聞き

新たなお念仏の生活を　歩ませていただきたいと思います

　亡くなられた方も、遺されたものも、等しく阿弥陀さまの救いの中にあることを気づかせていただく。これが、浄土真宗の葬儀です。「表白」は、このことを仏さま（ご本尊）の前で表明するもので、参列者はともに浄土真宗の葬儀の意味を確認してから、読経を行います。

ともに弔う

　お葬式をどのような意味で、どのような方々と営むのか。このことは、宗派や地域によってさまざまです。ですから、仮に「頼みやすい」「とりあえずお坊さんがいればいいから誰でもいい」といった考えからご質問されているようでしたら、やはり一度、「なぜ葬儀を行うのか」から考え直していただきたいと思います。そしてこの機会に、「浄土真宗ではどんな葬儀を行うのか」「なぜ葬儀を行うのか」を知っていただきたいと思います。

　その上で、どうしても友人のお坊さんにご依頼したいということであれば、これまでのお寺さんとのお付き合いなどもあるでし

ょうから、ほかのご遺族、ご親族、地域の方々とよく相談される
ことをお勧めします。

一緒に考えてみましょう

▶ A　なぜ友人に頼みたいのか考えてみましょう
▶ B　浄土真宗の葬儀の意味について調べてみましょう

コラム　檀家ってなに？

　自分が生まれた家によって、それぞれ所属する寺院が違う。「宗
教」はあくまで個人的なものなのに、自分が決めることすらでき
ない。こんなことを考えたことはありますか？

　この「家」と「寺院」とが関係を結び、その関係が継続してい
くことは、江戸時代にできた「寺請制度」「檀家制度」に遡ります。
江戸幕府は、キリスト教が拡大すること、及び、島原の乱に代表さ
れるようなキリスト教徒による反乱などを警戒し、キリスト教弾圧
政策を行いました。その政策の１つが、全国の寺院に対して、キ
リシタンではないものには寺院住職がその身分を証明する寺請 証
文を提出するように命じることでした。これにともなって、寺院
は所属する人びと（檀家などと呼びます）の葬儀も独占的に行うこ
とになりました。また、寺院と檀家との関係が固定化されること
で、寺替・宗旨替は原則として認められなくなり、婚姻などによ

って生まれた家を離れる際には寺院の確認が必要になるなど、現在でいう行政的な機能まで担うようになったのです。

　寺院側にとっては、檀家制度のもとでは、家が継続する限り檀家もいなくなることがありませんし、収入が安定するという利点もありました。しかし、やはり幕府による民衆統制の一環として寺院が利用されたという面は否めません。

　現在、江戸時代のような統制はありませんが、ご質問（Chapter1-Q.04）にあるような自由に僧侶を選びづらいという問題や、移動する人びとと移動しない寺院との関係を続けることの難しさなどが課題として生じています［参照→『宗報』2021年2月号「「考えさせられる」葬儀（十二）」］。

Q. 05 頼めば、故人が好きだった お経を読んでもらえますか?

特に此の経を留めて止住すること百歳せん。　　　　　—— 『仏説無量寿経』

故人の思い

　近年は、故人が生前に好きだった曲を流すなど、故人の思いや趣向が反映されたお葬式が増えているそうです。こうしたことから考えるならば、故人が大切にされていた「お経」を読むことが、故人を偲ぶことになるようにも思います。

　ですが、お葬式ではそれぞれの宗派で大切にされる「お経」が読まれています。そのことは、お葬式そのものの意味に深く関わることですから、お葬式が始まる直前に、「この経典にしてください」といわれると、お坊さん側としては、「どうしよう」「困ったなあ……」と、どうしても思ってしまうことでしょう。

「お経」は仏さまが説いた教え

　そもそも「お経」とは何でしょうか。

　「○○経」と呼ばれるものはいろいろとあります。では、誰が説いたのか知っていますか?　実は、お経の名前にヒントがあります。お経の題名には「仏説」と冠されていることが多くあります。この「仏」とは「仏陀（ブッダ）」すなわち「目覚めた人」の

ことで、この世では、およそ2500年前にインドにお生まれになったお釈迦さまを指します。

　お釈迦さまは、さまざまな人の能力や悩みなどにあわせて、臨機応変に教えを説かれました。このことを「対機説法（たいきせっぽう）」といい、医者と患者の関係に譬えて「応病与薬（おうびょうよやく）」ともいわれています。そのため、最終的に「八万四千の法門（はちまんしせんほうもん）」といわれるほど多くの教えを残されたといわれています。

　仏さまの教えを、それぞれにまとめたのが「お経」なのです。

宗派によって大事にしている経典が違う

　日本で最も有名なお経のひとつに、『般若心経（はんにゃしんぎょう）』があります。京都や奈良のお寺などで写経や読経体験をされた方もいらっしゃるかもしれません。多くの方々に親しまれている『般若心経』ですが、その内容はというと、大乗仏教（だいじょうぶっきょう）の根本思想と呼ばれる「空（くう）」という思想が説かれています。「空」を説明するのは非常に難しいので、ここまでにしておきます［参照→参考文献／仏教の教え、釈尊の教え］。

　『般若心経』のように、それぞれのお経には、独自の主張があります。この主張の相違が、仏教の宗派の違いであり、それぞれの宗派の特徴だと考えることができます。天台宗、真言宗、日蓮宗、臨済宗、曹洞宗、法相宗、浄土宗、浄土真宗……。日本にはさまざまな仏教諸宗がありますが、宗派によって大事にしている「お経」には違いがあるのです。

浄土真宗のお経は「浄土三部経」

　先ほど、宗派によって大事にしている経典に違いがあると言いました。ということは、大事にしていないとは言いませんが、用いない経典があることも意味します。先ほどあげた『般若心経』は、浄土真宗では用いません。それは、『般若心経』には阿弥陀さまのお徳が説かれていないからです。

　浄土真宗では、法然聖人や親鸞聖人が大切にされた「浄土三部経」(仏説無量寿経・仏説観無量寿経・仏説阿弥陀経)を根本に据えています。これらの経典には、阿弥陀さまはどのようなことを願われている仏さまなのか、どのようにして仏さまと成られたのか、阿弥陀さまの教えがどのように私たちのもとに届けられたのか、などが説かれています。その教えを、親鸞聖人が漢文の詩の形にしてまとめられたものが、「正信念仏偈」(略して「正信偈」)です。

浄土真宗の葬儀では「正信偈」を読む

　浄土真宗でお経を読む目的は、仏徳讃嘆(仏さまのお徳をほめたたえること)にあります。浄土真宗の葬儀では、そのお経として、主に「正信偈」を用います。「正信偈」は、浄土真宗のエッセンスが840字という短い偈頌に込められた「お経」として、古くから親しまれてきました。私たちが、葬儀という人生最大の儀礼の場で、「正信偈」を用いるのは、読経する中で、阿弥陀さまのみ教えを聞くことを大切にしているからです。浄土真宗のご門徒の方であれ

ば、「好きなお経」が「正信偈」であってほしいと思いますし、葬儀の際にもお読みいただきたいと思います。

一緒に考えてみましょう

▶A　どんな「お経」があるか調べてみましょう
▶B　「浄土三部経」について調べてみましょう

コラム　**お経が日本に届くまで**

　お経とは、古代インドの言葉であるサンスクリット語のスートラ（sūtra）を訳したもので、漢字では「修多羅」とあてられます。スートラとは「たて糸」の意です。転じて、糸によって貫いて保持しているものを意味し、スートラを漢訳する際、仏さまや聖者の教えをまとめたものの意として「経」と訳されるようになりました。

　お釈迦さまは、生涯、教えを説き続けられましたが、文字には残されませんでした。ですから、お釈迦さまが亡くなられた後、残された弟子たちが真っ先に行ったのが、「お釈迦さまはどのようなことを説かれたか」を確認することでした。その確認会議を「結集」と呼びます。「結集」では、弟子の中心人物（阿難〈アーナンダ〉）がそれぞれの教えが説かれた経緯や主題を述べ、その内容を参加者が確認するという方法が採られました。そのため、「お経」の冒頭は総じて「如是我聞（私はこの通りに聞きました）」という

32

言葉から始まっています。

　インドでまとめられたスートラは、中国に伝わります。シルクロードなどを通じた交易と並行して伝わったと考えられますが、有名な「西遊記」に出てくる「三蔵法師」（本名は玄奘です）のように、命がけで中国からインドへと出向かれた方もいらっしゃいます。そうした方々の努力によって、インドから中国にスートラが伝わり、どんどん「お経」が翻訳（漢訳）されました。その後、中国と東アジア諸地域との交流の中で、日本にも「お経」が伝来してきたのです。

　日本にお経が伝来したことによって何がもたらされたでしょうか？「仏教」はもちろんですが、「文字」も「仏教」に負けず重要だといえるでしょう。漢文で書かれたお経。それを日本語として読み、意味を知るために、当時の人びとは大変苦労を重ね、さまざまな工夫がなされました。「漢字」から「万葉仮名」「カタカナ」「ひらがな」ができ、今私たちが普通に使っている「漢字仮名交じり文」が形成されていきます。これによって、難しい漢文の文献やそこに説かれたみ教えが、日本のことばでわかりやすく表現できるようになりました。漢字と仮名が五七調の形式の中に散りばめられた「和讃」はその最たる例かもしれません。

Q.
06
「ナーマンダー」と聞こえます。
「なもあみだぶつ」じゃないの?

弥陀仏の本願を憶念すれば、自然に即の時必定に入る。

ただよくつねに如来の号を称して、大悲弘誓の恩を報ずべしといへり。

—— 親鸞聖人「正信念仏偈」

もともとはインドの言葉だった!

　質問の「ナーマンダー」ですが、漢字では「南無阿弥陀仏」と書きます。漢字で書くので、中国語……と思いきや、実はインドの音をそのまま漢字にあてはめた言葉なのです!

　仏教が成立して以降、その教えは、各地に広まり、一方はスリランカやタイなど東南アジアへ、もう一方は、北インドや中央アジアを経由して中国に伝播しました。伝播した先々では、原語を保って伝える地域もありましたが、北方に伝わった仏教では、多くはその地の言語に翻訳されました。

　中国では漢訳されますが、主に2つの方法でインドの言葉が翻訳されています。

　　その1:音訳……インドの音をそのまま漢字にあてる
　　その2:意訳……単語の意味を漢字に置き換える

南無阿弥陀仏とは

　「南無阿弥陀仏」はインドの音に漢字をあてはめたものです。

34

「南無」に漢字の意味は関係ありません。漢字そのままだと「南が無い」となりますからね。インドで、相手を敬うという意味を持つのが「ナマス」という言葉です。その音に漢字をあてたのが「南無」です。

「阿弥陀」は、否定を示す「ア」と、量るという意味の「ミター」からなるといわれます。「メーター」と聞くと、みなさんご存じではないでしょうか。では、何を量ることができないのかといえば、光明と寿命です。インドで作られた経典には、限りない光という意味の「アミターバ（無量光）」、限りないいのちという意味の「アミターユス（無量寿）」という言葉が使われています。これらの音に、漢字をあてたのが「阿弥陀」です。

最後に、「仏」は「ブッダ」に漢字をあてたものと考えられています。

以上をまとめると、「限りない光といのちの仏である阿弥陀さま、あなたを尊敬し信じます」というインドの言葉を漢字にしたのが、「南無阿弥陀仏」です。

南無阿弥陀仏　なもあみだぶつ　ナンマンダブ

では、「南無阿弥陀仏」はどう読むのでしょう。親鸞聖人は、「南無阿弥陀仏」の漢字の右側に読み仮名を付けておられます。

例えば、親鸞聖人のご真筆のひとつ『唯信鈔文意』（高田派専修寺蔵正月二十七日本）には、「南无阿彌陀佛」（『浄土真宗聖典全書』第2巻684頁）とあります。また、親鸞聖人がお作りになった『浄土和讃』国宝本（高田派専修寺蔵）は、本文の大半はお弟子の真仏上

35

人が筆を執ったものとされていますが、親鸞聖人ご自身が訓を付された箇所などがあることで知られています。和讃の中では「南无阿彌陀佛をとのうれば」などと左訓（読み仮名）が振られています。これらの書物は、音読されることを想定して書かれていますので、当時の方がそのように読んでいたと考えるのが自然です。浄土真宗では、このような訓みに従って、現在は「なもあみだぶつ」と表記しています。

　では、実際に称えるときはどうでしょう。普段お念仏するときは、「なーまんだーぶー」「なんまんだぶ」「なんまんだー」「なまんだぶつ」など、「なもあみだぶつ」の音がかなり変化して聞こえてきます。一つひとつの違いは、連声・撥音といった日本語の音や発音の特徴によるものと考えられます。どれも不正解というわけではなく、称え方が間違っているということもありません。

　普段のおつとめで使う「正信偈和讃」の念仏にも、いろいろな旋律があります。毎朝6時からの西本願寺でのおつとめ（お晨朝）や、近くのお寺の法要などで、実際に体感してみてください。

一緒に考えてみましょう

▶ A 色々な「漢字」の成り立ちを調べてみましょう
▶ B 「南無阿弥陀仏」の意味や発音について調べてみましょう

コラム　親鸞聖人に会える!?

―――現代に伝わる文字と言葉―――

　日本書道界での重鎮は、平安時代に活躍された三筆（空海・嵯峨天皇・橘　逸勢〔たちばなのはやなり〕）や三蹟（小野道風〔おののとうふう〕・藤原佐理〔ふじわらのさり〕・藤原行成〔ふじわらのこうぜい〕）でしょう。彼らの遺品は、人びとの心を動かすほどの名品で、その数々が現代に伝えられています。日本仏教では、奈良時代の写経生〔しゃきょうしょう〕が書写した経典に優れたものが多く、非常に整った字形で書かれています。鎌倉時代の仏教各派の祖師自身がそれぞれ筆を執られた「ご真筆」〔しんぴつ〕もよく知られています。その中で、日蓮聖人と並んで数多くの「ご真筆」が伝えられているのが、親鸞聖人です。

　親鸞聖人の筆跡は、大正時代頃から詳細に研究されてきました。宋代の書風に近いと言われています。例えば、若い頃、法然聖人のもとで「浄土三部経」を学ばれますが、自ら書写した経文の行間や欄外・紙背に善導大師らの註釈書による解説をびっしりと記した『観無量寿経註』『阿弥陀経註』（本願寺蔵）が現存してい

阿弥陀経註（本願寺蔵）

ます。主著『教行信証』は、ご自筆で書かれた坂東本（真宗大谷派蔵）に晩年まで手直しを加えられています。親鸞聖人自らが紙を切り貼りしたり、文字を訂正したりしている箇所や、漢字の左側に読みや意味を書き加えられている箇所（左訓といいます）も多くあります。80歳以降は、『尊号真像銘文』や『唯信鈔文意』など、漢字の経文や用語についての解説などを自ら筆を執って制作し、お手紙とともに門弟に送付されるなどしています。

　こうした親鸞聖人の「ご真筆」は『親鸞聖人余芳』（本願寺出版社）や『増補親鸞聖人真蹟集成』（法藏館）で写真などを見ることができます。また、親鸞聖人のご真筆を網羅している『浄土真宗聖典全書』（全6巻）をご覧いただければ、親鸞聖人が、どのような左訓や註釈を施されているかがわかります。

　令和元年（2019）にも親鸞聖人の真筆が新たに発見されたように、まだまだ親鸞聖人の「ご真筆」がどこかで発見されるかもしれません。その出会いを楽しみにしたいと思います。

07 通夜と葬儀、どちらか片方でいいですか？
そもそも何が違うんですか？

尊者アヌルッダと若き人アーナンダとは、その夜じゅう、〈法に関する講話〉
を説いて過ごした。
—— 『大パリニッバーナ経』

通夜と葬儀が変わった

　仕事の関係で葬儀に参列できない方が、通夜に参列されることは
多くあります。通夜は故人と有縁の人びとが会う最後の機会として
機能してきた側面もあり、葬儀とは時間や場所を変えて行われてき
たことなどから、「通夜」「葬儀」はともに欠かせないものです。

　しかし、家族や親族の高齢化などにより、近年は、２日間とい
う時間をかけること自体が困難な状況が増えつつあります。その
ため、通夜を省略した「ワンデーセレモニー」（一日葬）として葬
儀が行われることがあるようです。また、通夜は行うが、翌日は
火葬のみで済ます場合もあるようです。

　人びとの生活スタイルの変化など、さまざまな要因から、「通
夜」「葬儀」の形は変化しており、今後も変化は続いていくことと
思われます。そのような中で、通夜と葬儀の違いや２日間で行う
必要性がなかなか分かりづらくなってきているようです。

通夜は省略していいのか

　では、通夜を省略していいか、ということですが、お坊さんと

しては、省略すべきではないと考えます。浄土真宗では「通夜勤行(つやごん ぎょう)」といいますが、これは「葬儀」(浄土真宗では「葬場勤行」)までの夜ごとに、近親者をはじめとする有縁の人びとが集まり、夜を通して執り行われるものです。故人について語り合いながら、みなが阿弥陀さまのみ教えを聞いていくのです。そのため、浄土真宗では、通夜において多く法話が行われます。

　ですから、「通夜」「葬儀」どちらかをやらないということではなく、本来の意味である「夜通し」故人とともに過ごすのが「通夜」である、と考えてみてはいかがでしょうか。

　日本の法律(「墓地、埋葬等に関する法律」)上、死後24時間以内は火葬してはいけないとされています。１晩か２晩かはご遺体とともに過ごす時間があります。たとえ集まれるご親族が少なくとも、故人(ご遺体)のすぐ側で夜を通して故人とともにゆっくりと過ごす時間をもつことができる最後の機会が「通夜」です。この時間を大切にしていただきたいと思います。

通夜はする、葬儀はしないはOK？

　参列者の方や、仕事の都合など時間的な問題を考えて、通夜は行い、翌日は火葬だけ行うという場合を考えてみましょう。

　火葬は、それまで存在していた「身体(遺体)」が「遺骨」に変わるという大きな変化をもたらします。表情も声もなく、身体の温もりがなかったとしても、「身体」が存在しているかどうかは、遺族・親族にとって大きなことではないでしょうか。

　この「身体」が失われて遺骨となる火葬に向かう直前に「葬場」

で行われるのが「葬儀」です。葬場の荘厳を設え、「身体（遺体）」を前にし、有縁の方々は衣服を整え、故人との最後の時間に営まれるのが「葬儀」です。その中で、故人も遺されたものも等しく救おうと誓われた阿弥陀さまのみ教えを聞いていくのです（なお、地域によっては葬場勤行の前に火葬が行われる場合もありますが、故人を偲びつつ、「阿弥陀さまのみ教えを聞いていく」という葬儀の意味自体が変わることはありません）。

　地理的条件、経済的負担、社会状況など、さまざまな事情により、なかなか集まれないという現実もあるかと思います。ですが、有縁の人びとと生前の思い出を語らい合う中に、仏さまのみ教えを聞く機会として「通夜」、「葬儀」をともに大切に営んでいただきたいと思います。

一緒に考えてみましょう

▸ A 「通夜」を行う意味を考えてみましょう

▸ B 「葬儀」を行う意味を考えてみましょう

コラム　お釈迦さまのお通夜

　仏教の開祖であるお釈迦さまは、入滅より少し前、故郷に帰る長い旅に出られます。その道中、最後の雨安居（雨期に一定の住居に定住して勉学などを行うこと）の際になされた説法が、「自灯明・法灯明」といわれるものです。自身が亡くなった後にたよりとすべきものとして、お釈迦さまの智慧によって照らし出された自己（自）と、お釈迦さまがこれまで説かれてきた教え（法）を示し、これをたよりにして精一杯生き抜きなさいと述べられています［参照→下田正弘『シリーズ仏典のエッセンス　パリニッバーナ―終わりからの始まり―』75頁］。

　そしてお釈迦さまの入滅に際して、「お通夜」が行われました。お釈迦さまの後半生、行動を共にしていたとされ、「多聞第一」とも称されるアーナンダ（阿難）は、お釈迦さまの死に直面し、悲しみにうちひしがれていました。そうした阿難に対し、アヌルッダ（阿㝹楼駄）尊者は、お釈迦さまの死は、その教えである「諸行無常」にかなった現実であると受け止め、涙に暮れる阿難に対して、日頃お釈迦さまから聞いていた教えを、夜を徹して説いたと伝えられています。

　こうしたお釈迦さまの入滅前後のエピソードからは、弟子たちは、お釈迦さまの教えを夜通し味わっておられたこと、そして大切な人を亡くしたときにも、お釈迦さまが説き続けられていた仏法を聴聞することが大切であることが分かります。

08 家族だけでお葬式をしても良いですか?

しかるに終焉にあふ門弟、勧化をうけし老若、おのおの在世のいにしへをおもひ、滅後のいまを悲しみて、恋慕涕泣せずといふことなし。

—— 『親鸞聖人伝絵』

「家族葬」の増加

新聞やメディアなどで報じられているように、近年の葬儀は著しく変化しています。しかし、歴史を振り返ってみると、葬儀は少なからず変化し続けてきました。どんな葬儀を行うのかは、社会の状況、個人の意思や生き方が反映されるものです。

最近では、医療の発達などによって平均寿命が延び、高齢死亡者の割合が増加しています。一方で出生率が低下し、少子化が進んでいます。子どもは都市部に移住し、地域の方との関係が薄れ、知人や親族の高齢化もあって、参列者も減少傾向にあります。「葬儀」の簡素化・縮小化が急激に進む中、平成7年 (1995) 頃から登場してきたのが、「家族葬」とよばれる葬儀です。

「家族葬」といっても、まちまちです。葬儀社のウェブサイトなどを見ると、5人ほどの「家族葬」もあれば、20〜30人、それ以上が集まる「家族葬」もあるようです。

「家族葬」が増加した具体的な理由として、次のようなことが言われています。

・故人が高齢で、呼べる親族や友人がいない

・参列者を多く招く規模のお葬式をするための金銭的余裕がない

・だれに連絡したらいいのか分からない

これらは「家族葬にしかならない」という場合です。また、

・家族だけで、故人を偲びたい

・親族に、呼びたくない人、会いたくない人がいる

・たくさんの会葬者が来られると面倒

・普段近所づきあいをしていないので、近所には声をかけたくない

といった遺族の心情や事情などによって、「家族葬にしたい」という場合もあります。

葬式の規模は重要ではない

「良いですか?」という質問は、「家族葬」にしたことで何か問題が起きないかを心配されているようです。しかし、浄土真宗のみ教えからは、参列者の多いお葬式であったとしても、小さな規模のお葬式であったとしても、故人が「成仏したかどうか」にはまったく関係はありません [参照→20頁]。

その上で問題として考えたいのは、浄土真宗のお葬式は阿弥陀さまとのご縁、有縁の方々とのご縁をいただく場 [参照→11頁] ですから、「家族葬」にしたことで、本来ならば、ご縁が結ばれ、結び直されていくはずだった方とのご縁が断ち切られてしまう可能性があるということです。このことは大事なこととしてお考え

いただきたいと思います。

本当に家族だけで良いか

　また現実の問題として、「家族葬」にしたことで起きてしまう問題もあります。例えば、

　「お葬式に行きたかったが、気づいたら終わっていた」

　「亡くなられたことをかなり後で知った」

という声が聞かれることがあります。ご遺族からすると、

　「もう故人のことは忘れているだろう」

　「お葬式の連絡をしても迷惑だろう」

と思われるかもしれません。しかし、ご遺族と同じように故人を大切に思い、「親しい方の死」を悲しむ方が他にもいらっしゃることは多々あります。そうした方々と、故人の思い出を語り合う中に、思ってもみなかった故人の一面が知られることもあります。

　お葬式にお呼びしない場合でも、事前あるいは事後に、ご挨拶やお電話、ハガキでもいいですので連絡をいれることで、ご納得いただけることもあるかと思います。また、葬儀の後で焼香したいという申し出があれば、ご遺族として対応できるようにしておくことが望ましいと思います。

‣ **A 「家族葬」が増えた理由について考えてみましょう**
‣ **B 「家族葬」を行う場合の注意点を確認しましょう**

コラム 葬儀の変化

　浄土真宗本願寺派で寺院を対象にして平成27年（2015）に行った調査では、葬儀の変化として、「家族葬が増えた」（70.0%）、「還骨勤行と初七日の併修が増えた」（57.5%）、「導師ひとりでのおつとめが増えた」（54.6%）といった結果が出されています。「小型化」や「簡略化」などの変化を、寺院・僧侶側が実感していることがうかがえます。［参照→『宗報』2016年1月号「第10回宗勢基本調査中間報告（単純集計）」］。

　また、ジャーナリストの碑文谷創氏は、葬儀の変化として、以下の5点を挙げています［参照→碑文谷創「「葬祭仏教」再考」（『SOGI』154・155合併号、2016年）］。

　　①小型化…1995年頃から「家族葬」という名称が登場し、人
　　　　　　気を集めた。
　　②個人化…「地域共同体が主催する行事」から、あくまで個人
　　　　　　的な「プライベートな行事」に性格を変えた。
　　③死の場所…50年代には8割が自宅だったのが、今では1割
　　　　　　程度。

④葬儀の場所…50年代は8割が自宅だったが、今では1割未満となり、多くは斎場（葬儀会館）で行われるようになった。

⑤高齢化…昭和初期は全体の死者に占める割合の5％未満が80歳以上であったが、今では5割以上となり、超高齢化社会を日本は迎えている。

「葬儀の変化」と一口にいえども、一つひとつの葬儀はもちろん異なり、そこにはさまざまな背景があります。

Chapter 2

「葬儀」へのギモン②

Q.

01 お寺への支払いは、いつするのですか?

財の布施すべきものなくは、他の施を修するを見る時に、しかも随喜の心をなせ。随喜の福報は、施と等しくして異なることなし ── 源信和尚『往生要集』

お布施を渡すタイミング

　お坊さんとしては、とにかく早くいただいたほうが安心できるので有り難いのですが……これは冗談です。ご質問にある「支払い」というのは「お布施を渡すタイミング」のことだと思います。

　ご遺族としては、葬儀の中で、いつお寺さんと顔合わせをし、お布施を渡せばいいのか。それを知った上で、滞りなく済ませたいとお思いの方は多いかもしれません。

　ただ、お布施を渡すタイミングに決まりはありません。

お葬式は忙しい

　お葬式は、家族や親族のみなさまにとって突然の出来事です。にもかかわらず、ご寺院やご親戚、故人とご関係のあった方々への連絡、葬儀社との打ち合わせ、加えて、法律的・行政的な手続きもしなければ……。連絡、打ち合わせ、届け出などに追われ、「あれもしなければ」「これもしなければ」と、次から次とやることがでてきます。悲しみや戸惑いの中であっても、忙しく過ごさなければならないのが現実です。

　慌ただしく時間が過ぎていく中で、無理をしてまで急いでお布施を渡す必要はありません。葬儀を終えられた後の決め事もたくさんあります。法事のことや、お墓・納骨のことなど、仏事についての相談は、お坊さんにお任せください。そうしたご相談を含めて、お話のできる無理のない日程を決めて、その時にお布施を渡してはいかがでしょうか。

そもそもお布施とは……

　お布施といえば、お坊さんを呼んでお経を読んでもらったことに対する対価として払っているという認識の方がほとんどではないかと思います。しかし、「布施」の本来の意味を尋ねてみると、そうした意味はありません。

　「布施」とは、「ほどこし」「与えること」の意味で、

　　①財　施（財物を施すこと）

　　②法　施（教えを説くこと）

　　③無畏施（おそれや心配を取り去って救うこと）

の３つに分類されます。注意しなければならないのは、金銭などの財物を与えることに限られるものではないということです。

　そして「布施」は、心のありようと深く関係しています。例えば、「これぐらいしたんだから今度は……」「この前のお礼にこれぐらい……」などと考えることは否定されます。布施は、「施したものは喜んで捨てる」ことを基本としており、「自分のもの」とは考えません［参照→『季刊せいてん』№76「せいてん質問箱」／「築地本願寺新報」2020年９月号特集「お寺とお布施」]。

一般に言われる「お布施」も僧侶の読経などに対する「対価」ではありません。金額が決まっているものでもありませんから、「お気持ち」と表現されることもあります。

先払い？

　ところで、最近いくつかのウェブサイトで、「お葬式の前にお布施を渡す」という記述を見かけました。しかし、「お葬式」は故人を偲ぶ場であり、久しぶりにお会いする方とお話しする場でもあります。必ずしもお葬式の前にお布施を渡す必要はありません。

　お葬式は、故人との時間、そして参列されたさまざまな方との時間を大切にお過ごしいただく場です。そして、葬儀のおつとめが終わった直後も、時間の余裕はなかなかありません。今後の相談事もあることと思いますし、時間に余裕ができたときにお渡しする旨を、あらかじめ伝えていただくと良いかと思います。

　ただ、地域によって渡すタイミングがある程度決まっていることもありますから、地域の慣習に詳しい方やご親族などに一度尋ねられてはいかがでしょうか。

一緒に考えてみましょう

▶ A 「お布施」とはどのようなものか調べてみましょう
▶ B 仏事に関する疑問を挙げ、調べてみましょう

コラム　お布施もキャッシュレス!?

　お買いもののとき、どうお支払いされてますか？

　最近は、現金以外に、スマートフォンをかざしたり、ＩＣカードを使ったりと、徐々に現金以外での支払い、いわゆる「キャッシュレス決済」が増えています。例えば、電車に乗る時も、切符を買わずにスマホやカードをＩＣ専用の改札にかざすだけで入退場できます。日本では、2025年までに「キャッシュレス決済」の普及率を４倍にし、将来的には80%にまで引き上げるという目標が掲げられています。

　「キャッシュレス」。さすがに宗教には関係ないかと思いきや、すでに「キャッシュレス決済」を導入しているところもあります。例えば、京都にある世界遺産・下鴨神社では、お守りやお札を授ける授与所に電子マネーやクレジットカード対応の機器が設置されています。また、お遍路で有名な四国八十八ヶ所霊場のある寺院では、おさい銭を「スマホ決済アプリ」で納められるようにしているそうです。

　これに対して、京都仏教会は令和元年（2019）６月に「さい銭や布施といった宗教行為」に対する「キャッシュレス決済」の導入に反対するという声明を出しました。その理由の１つとして、「キャッシュレス決済」による個人情報流出の危険性が挙げられています。その他にも問題点が指摘されているのですが、「外国人旅行者」への対応から「キャッシュレス決済」の導入を考えている神社・寺院は多いと言われています。日本以外の諸外国での「キャッシュレス決済」の導入率が高いことから、現金を持ち歩かない

旅行者が多くいるからです。

　おそらく、日本を含む世界中で「キャッシュレス化」は推進されるでしょう。そうした中で、葬儀や法事などのお布施も、キャッシュレス化され、手数料が取られ、詳細な明細の必要性が訴えられるかもしれません。しかし、果たして葬儀や法事などで支払われるお布施は、「お坊さんの仕事への対価」なのでしょうか。そして、お坊さんはなぜ「お布施」を受け取っているのでしょうか。そうした基本から見直す必要があるように思います。

Q.
02

きょうだいが3人いますが、父の葬儀の費用は、誰が負担すればいいですか？やっぱり、喪主の私ですか？

まことに死せんときは、かねてたのみおきつる妻子も財宝も、わが身にはひとつもあひそふことあるべからず。

—— 蓮如上人『御文章』

どのくらいお金が掛かるのか

　お葬式の費用、だいたいどのくらいかご存じですか？

　一般財団法人日本消費者協会が平成28年（2016）に実施した調査の報告によれば、約195万円でした［参照→一般財団法人日本消費者協会『第11回「葬儀についてのアンケート調査」報告書』（2017年1月）］。また、経済産業省が行っている「特定サービス産業実態調査」では、年間葬儀取扱件数約132万件とされています。その中で「事業従事者5人以上の部」の取扱件数約110万件に対し、費用規模別の件数が次のように報告されています。

　　50万円未満　　　：26万1863件

　　50万〜100万円：37万0239件

　　100万〜200万円：38万7175件

　　200万〜300万円：　6万7974件

　　300万〜400万円：　1万1004件

　　400万〜500万円：　　2493件

　　500万円以上　　：　　1662件

100万円以上200万円以下が最も多く3割程度。全体の9割以

上が200万円以下の範囲に収まっています［参照→『平成30年特定サービス産業実態調査報告書　冠婚葬祭業編』(経済産業省大臣官房調査統計グループ、令和元年９月)］。

みんなで分担する葬儀

　葬儀費用は、喪主が負担すると思われがちかもしれませんが、誰が負担するかについて、民法などその他の法律において、明確な規則はありません。

　葬儀費用に関しては、故人が生前に残しておくという場合も多いようです。例えば、互助会などに加入して葬儀費用に充てるためのお金を積み立てている場合や、葬儀のための保険に加入している場合などは、生前に交わした契約内容にしたがって、葬儀費用の負担が決まることになります。この場合は、一旦喪主などが立て替えたとしても、最終的には契約者である故人の財産から支払われることになります。

　故人が残しておくのも１つですが、そうでない場合も多くあります。葬儀は、古くは遺族あるいは地域共同体の人びとが、必要なものを持ち寄ったり作ったりして営まれていました。さまざまな役割を分担することで、ご当家の負担を軽減しながら葬儀が運営されてきたのです［参照→新谷尚紀『葬式は誰がするのか』(2015年)］。会葬者からの香典（香料）などが葬儀に関する費用に充当されることも、「だれかの家で亡くなられたら、周りが助ける」という地域の互助作用によるものでしょう。

トラブルにならないように

　近年は、葬儀社に依頼し、金銭を支払うことで葬儀が行われる場合が増えています。しかも都市部では、葬儀後の地域とのつきあいが困難であるとのことから、香典無し・香典返し無しの葬儀が選択される場合も増えてきているようです。この傾向は、遺族が遠方に住む場合が多くなっている都市部に限らず、どこでも起こっているといわれています。

　葬儀に掛かる費用は決して安価なものではありません。葬儀費用はどのくらい掛かり、だれが負担するのか。お金の話になると、事態は深刻になることが往々にあります。のちのちトラブルにならないように、生前にご家族の方と相談され、少しでも心配な点があれば、専門家への相談をお勧めします。もちろん、この場合の専門家は、弁護士など法律の専門家です。

一緒に考えてみましょう

- ▸A　葬儀にかかる費用を調べてみましょう
- ▸B　相談できる人や専門家を探してみましょう

祭壇・霊柩車の変遷

　現代では葬儀を葬儀会館（セレモニーホール）で行うことが増え、形態は多様化してきていますが、祭壇や霊柩車も変化しています。

　まず祭壇。大正期以降、葬列が廃止され自宅での葬儀が増えると、祭壇が使用されるようになります。古くは白布をかけるなどしていたようですが、今では彫刻が施された祭壇が多く、生花祭壇も使われています。祭壇自体に浄土を想起するイメージや故人の趣味や嗜好など表象するものなども増えています。

　次に霊柩車。かつては金色の宮殿のような屋根を配した「宮型霊柩車」が主流で、かなり豪華な車が使用されていました。しかし、今ではなかなか見かけなくなり、近年は自治体によっては宮型霊柩車の火葬場への乗り入れを禁止していることも多いようです。それに替わって登場してきたのが、外見では霊柩車ともわからないような黒色ボディーの専用車です。この背景には、葬儀にお金をかけたくない、目立ちたくないという遺族側の思い以上に、「宮型霊柩車」が走っていることそのものへの周囲の拒否感が強いようです。つまり、「葬儀」あるいは、「死」「死者」を想起させることに対する拒否感です。

　日常生活を送る中で、突然「宮型霊柩車」を見ることで「死」「死者」を想起してしまうことは理解できます。しかし、日常生活から「死」「死者」を遠ざけ、見ないようにして、本当にいいのでしょうか。例えば近年は、ほとんどの人が病院で亡くなり、家族が看取るといったことも少なくなってきたことで、「死」を実感する機会が失われてきています。

　聖路加国際病院理事長の日野原重明さん（故人）は、絵本『だいすきなおばあちゃん』（朝日新聞出版、2014年）を発表された際に、次のように語られています。

　　愛する人の死に触れたとき、子どもたちは自分が家族の一員
　　であることや人の死というもののなりゆきについて学ぶはず
　　です

　葬儀や葬儀に関わる色々な事柄が変化してきたといっても、100年以内の変化です。この変化は「私たち一人ひとり」によって生じたものでもあります。変化することで、何か大きなことを捨てているかもしれません。そうした点にも注目していきたいと思います。

03 必要最低限の経費の葬儀は?

また法蔵第一の財とす。清浄の手として衆行を受く。信はよく恵施して心に恪しむことなし。信はよく歓喜して仏法に入る。

—— 親鸞聖人『教行信証』所引『華厳経』

葬儀をデザインしてみる

　例えば、マイホームを建てるにあたって、あなたはどんなことを考えますか。

　きっと、こんなデザインで、これくらいの大きさで、家の中にはこんなものを取り揃えて……と、アレコレ考えるのではないでしょうか。経済的に余裕があれば、当然、選択肢の内容も増えますが、そうでなければ選択肢やコストも必然的に制約されていきます。まさにケースバイケース、その時の経済状況や想いなどによって、費用の総額も自ずと違ってくるでしょう。

　また家を建てる際には、「これだけは必要だ」というものと、「必ずしも必要ではない」ものとに分けることができます。屋根や壁は必要でしょうが、車がなければ駐車場は必要でないこともあります。屋根や壁も、特別な材質でなければならないことはありません。

　マイホームを建てる話と、葬儀の話を同列に語るのは相応しくないと思われるかもしれませんが、実は葬儀を考える時も、家を

建てる時の考えと通じるところがあります。お葬式でも、必要な経費はかかります。そして、故人の趣向をいれたり、何人ぐらい入れる葬儀会館の広さにするか、葬儀だけ葬儀会館で行うのか、ずっと葬儀会館で行うのか、荘厳をどうするのかなどによって、全体の経費は随分変わってきます。つまり、「どういう葬儀をしたいのか」によって費用が変わってくるのです。

葬儀費用の内訳

　では、葬儀費用の内訳はどうなっているのでしょうか。およそ次の２つに大別できます。

　　①故人の追悼儀式に要する費用
　　　（例）会場費（祭壇・運営など）、お布施、飲食費（弁当）など
　　②火葬等に要する費用
　　　（例）死亡診断書などの発行、ご遺体の安置・運搬（棺・寝
　　　　　台車・ドライアイスなど）、火葬に要する費用など

　費用の内訳は多岐にわたり、病院、役所、お寺や各種業者など、さまざまな機関に問い合わせたり届け出たりしなければなりません。他の方に頼まなければならないことも多くあるでしょう。そのため、葬儀にかかる経済的な負担を心配され、あるいは実際にはどう使われているのか不明瞭に感じている方も多いと思います。

最低限……

　日本では、現在99.9%以上の方が火葬に付されます。ですので、例えば、遺体の保管から、お棺の費用、火葬場へ運んでいただくための霊柩車、そしてお骨を納める収骨箱（骨壺）などの費用が必要となります。さらに葬儀会社への謝礼、火葬費用も必要です。ただし、お棺や骨壺などは、数千円・数万円のものから数十万、100万円以上のものもあります。どれを選ぶかによって金額が変わってくるのです。具体的な金額に関しては、葬儀社との相談や、火葬場などに確認していただく必要があり、地域によって経費が異なる場合がありますので、ここで明示することはできません。

お坊さん、よく知っています

　一度ご自身の状況や想いを考慮に入れていただきながら、葬儀の内容を一つひとつ決めていかれることをお勧めします。そのためにも、「なぜ葬儀を行うのか」「どのような葬儀にしたいのか」をよくよく相談していただきたいと思います。

　その点に関してはお坊さんにお任せください。地域での葬儀経験が豊富であったり、普段のつきあいの中で故人や遺族のことをよく知っていることが多くあります。どのような葬儀にしたいか。何がどのくらい必要となるのか。できればお坊さんを交えて考えてみていただきたいと思います［参照→附録「これでわかる！浄土真宗の葬送儀礼」］。

一緒に考えてみましょう

▶ A どのような葬儀がしたいか考えてみましょう
▶ B どのような葬儀が行われているか調べてみましょう

コラム 終活？

　近年注目されているのが「自らの人生の終わりに向けた活動」、いわゆる「終活」です。現在の日本は、少子高齢化社会、超高齢社会です。単身の高齢者の方や、お子さまのいらっしゃらない方も多くなっています。そのため、資産を始めとし、介護が必要になったらどうするのか、体調が急変したときにどこの病院に行くのか、遺言状をどのようにするか、あるいは、お葬式やお墓はどうするかといった、自身の死後に問題となるであろうことなど、実に多岐にわたる問題を「事前に」考える必要が高まっていることから「終活」が注目されているようです。

　「終活」の際には、エンディング・ノートといわれるものがよく使用されます。葬儀社、銀行、保険会社から出版されたものから、仏教団体が発刊したものまで多岐に渡ります。ただ、よく話を聞いてみると、エンディング・ノートを最後まで書き終える方や、有効に活用できたという人は意外と少ないようです。それは、どれほど「準備しておかないと」と思っていても、一人で全てやり尽くすことが難しいからのようです。やはり「死」を自分自身のことと考えるとなると「まだもう少し後でもいいか」と考える人も

多いのだと思います。そして、準備していたとしても、その「準備していたことを実行してもらえるように伝えていなかった」ということもあるようです。

　「生きていること」は「死に向かっていること」でもあります。私たちはいつ、どのように死ぬかを決めることはできません。日常と思っている瞬間が、突然臨終に変わることもあります。ですので、何かの機会に有縁の方々とエンディング・ノートを見ながら、自分はこんな葬儀がしたい、こんなことが気になっている、いざというときはこうして欲しい、などと話し合いをされてみてもいいかもしれません。

　お寺でお坊さんと相談しながら、いろいろと考えることもできます。お坊さんは、葬儀に関することやトラブルまで、いろんな経験を積んでいます。お寺で終活、されてみてはどうでしょうか。その時には、別巻『死んだらどうなるの？』の附録「私の相談ノート」をぜひともご活用ください。

04 家族が死んだら、おめでたい席に出ては いけないと言われました。なぜですか?

業を受け、冠婚し、親を喪ひ、子をなすに洎ぶまで、つねに前の恩を念ひて
忍びて語らず。
　　　　　　　　　　　　　　　　　　── 源信『往生要集』所引『大唐西域記』

大切な人との別れは切ないもの。だけど……

　大切な人が亡くなると、悲しみ、苦しみ、これからどうしてい
こうかなど、さまざまな想いが入り混じります。仏教では、大切
な人と離れてしまうことを「愛別離苦」と言い、最も切なる苦し
みであると捉えます。親しい人を亡くしたばかりのときに、おめ
でたい席に出るのは辛いという気持ちが湧くことは、だれにも否
定できません。

　そのようなとき、周囲の人から「おめでたい席に出てはいけな
い」と言われたということは、古くから日本で展開したある慣習
が関わっているように思います。

「ご不幸」はうつる!?

　家族や親族など、身近な人が亡くなることを、「ご不幸」と言う
ことがあります。日本では、「不幸」があったとき、ある期間日常
的な行為などを控える「物忌み」という考え方が古くからありま
す。葬儀を終えられたご家庭の玄関などに「忌中」「喪中」などの
張り紙が貼ってあることがありますよね。「忌中」は「死者を祀る

ことに専念する期間」、「喪中」は「死者を偲び、喪に服して慎ましく生活する期間」とされます。例えば、平安時代中期に編纂された法令集である『延喜式』（巻3）には、死に触れた人は30日間隔離する、などといった規定があります。

　これらの特徴的な考え方は、「不幸が伝染する」ということです。あるご家庭で亡くなった方があった場合、その「不幸」が他人にまで伝染していかないように、一定期間他人との関わりを遠慮しなければならないということです。ですから、「不幸」があったときに「おめでたい席」に出席することは、（不幸が伝染したらいけないから）控えるべきと思われているのではないでしょうか。

「死」は不幸か？

　人間は、生まれれば必ず死ななければなりません。どんなに幸せでも、どんなに心残りがあってもです。「死」は、悲しく、辛いものです。ですから、「不幸」と捉えられるのかもしれません。しかし、浄土真宗のみ教えは、この世の命を終えると、浄土に生まれて仏と成らせていただくという、「死を超えていく」教えです。亡くなられた方は決して不幸ではなく、仏さまと成って、今度は仏さまとして、私たちを教え導く存在になられるのです。浄土真宗では、「死」や「死者」を忌避することはありません。ですから、「不幸」があったとしても、「おめでたい席」に出席しても構いません。

　大切な方の「死」に直面したとき、「感謝」「後悔」「怒り」「安堵」などさまざまな感情があふれ出ます。「死」を受け容れることは、

一生涯続くのかもしれません。一方で、遺された私たちは、故人がいなくなった世界で、新たな関係の中で生きていかなければなりません。

　遺された人同士の関係ももちろん大切です。葬儀も、おめでたい席も、新しい関係を結ぶ場です。亡くなられた方への想いも、お祝いしたい気持ちも、両方大切にしていただきたいと思います。仏と成られた方も、温かく私たちを導いてくださるはずです。

一緒に考えてみましょう

▸ A　なぜ「死＝不幸」と考えるのでしょうか
▸ B　「忌中」「喪中」などについて調べてみましょう

コラム　けがれ・ケガレ・穢れ

　「ケガレ」は「穢れ」とも表記されます。普段、「ケガレ」ということを気にしている方は少ないと思います。では、「祓う」という行為ではどうでしょうか。例えば、お相撲さんはなぜ土俵に入り「塩」をまくのでしょうか。あるいは、お店の入口の傍に「盛り塩」を置かれていることもありますよね。他には、神社に行かれた際には、水が溜めてある場所に柄杓が幾つかあって、「水で手を洗う」ということをされています。それから、七五三や地鎮祭などでは、神主さんが棒の先に紙がついているもの（大麻・大幣などと言

われる）で「お祓い」をされますよね。

　実は、これらの行為の理由こそが「ケガレ」であり、「死のケガ
レ」や「血のケガレ」などがあるとされます。こう考えると「ケガ
レ」と宗教的な行為、あるいは相撲は本来「神事」ですから、「神」
という観念と密接な関係があることがわかります。ですから「ケ
ガレ」とは、単純に「汚い」といった感覚とも違うことがわかり
ます。

　さて、仏教の歴史を振り返るとき、お釈迦さまのことが思い起
こされます。例えば、仏教の修行者は古くは「糞掃衣」を好んで
着ていました。「糞掃衣」とは、捨てられた布を拾って作られた衣
という意味です。では、どこに捨てられているのか。お釈迦さま
は、墓地で布を得るように教えられました。これは、当時遺体が
布に包まれていたからです。これは、死や不浄に対する態度が僧
侶にとって大事なことであることを示しています。

　また、日本においては、「ケガレ」を乗り越えることで「葬儀」
と「仏教」の関わりが形成されてきました。13世紀頃まで、祭祀
に関わる人びとや官僧（国家公認の僧侶）は、死穢を忌避しなけ
ればなりませんでした。しかし、浄土系、律宗系、禅宗系などの
お坊さんたちそれぞれが、「往生人は死穢が発生しない」「清浄の
戒にケガレはない」など、「ケガレ」を乗り越える論理を提示し
たことで、人びとの葬儀に関わるようになりました〔参照→松尾
剛次『葬式仏教の誕生』（平凡社新書、2011年）〕。現在につなが
る仏教と葬儀の歴史が始まったのです。

Q.

05 どこまでの家族が死んだとき、いつまで喪に服すのですか？

仏法を修行せんひとは、念仏者にかぎらず、物さのみいむべからずと、あきらかに諸経の文にもあまたみえたり。

—— 蓮如上人『御文章』

喪中・忌中

身近な方がお亡くなりになった後にも、いろいろと気になることがありますね。例えば、年賀状などは最たるものではないでしょうか。「喪中」「忌中」という言葉を聞いたことはあるけれど、具体的にはどうすればいいかわからないという方もいらっしゃると思います。

近親の方がお亡くなりになった後、一定の期間身を慎むことを「服喪」「忌服」などといい、その期間にあることを「喪中」「忌中」などと言います［参照→65頁］。では、具体的にどれくらいの期間なのでしょうか。

昔は決まりがあったが、今はない

明治7年（1874）に出された「太政官布告」では、両親のどちらかを亡くした場合は、忌中が50日、喪中が13カ月。これを初めとし、夫や妻を亡くした場合、息子や娘を亡くした場合など、細かく規定されていました。こうした期間が設けられたのは、日本では「死」を「ケガレ（穢れ）」と考え、避けるものとして考えてい

たからで、「清め塩」など日本の習俗に大きな影響を与えています［参照→コラム「けがれ・ケガレ・穢れ」］。

　現在では、こうした細かな規定はありませんが、近親者の場合、忌中は満中陰である四十九日、喪中は1年間という期間を、多くの方々が共有しているようです。

死と生を考える時間に

　浄土真宗では「ケガレ」という考え方をしていませんから、特別に喪に服す期間というものはありません。しかし、満中陰、いわゆる四十九日までは、大切な期間と考えています。

　葬儀の後、一区切りとなるのが、7日ごとの中陰法要を終える満中陰です。その頃までは、さまざまな手続きもあってお忙しいことでしょう。そうした期間は、故人を偲びつつ、阿弥陀さまのみ教えを聞かせていただき、大切な方の「死」を通して自らの「生」と「死」を見つめ直す時間としてお過ごしいただければと思います。

　さて、故人が亡くなったことを伝える「年賀欠礼」を出される方もいらっしゃいます。しかし、浄土真宗の立場からすると、亡くなられた方は、すでに浄土に往生してさとりを開き、仏さまと成られていますから、年賀状を出しても何の問題もありません。それぞれの事情に合わせて、有縁の方とのやりとりも大切にしていただきたいと思います。

一緒に考えてみましょう

▶A 「喪中」について調べてみましょう
▶B 「四十九日」はどのような期間なのか考えてみましょう

<u>コラム</u> 「家族」も「先祖」も変わる!?

　みなさんにとって「家族」とはどこまでの範囲のことを言いますか？

　おかしなこと言うなと思わないでください。この「家族」ですが、明治31年（1898）、旧民法に規定されたのが「家制度」で、江戸時代の家父長制的な家族制度をもとにしていました。戦後、昭和22年（1947）に民法が大幅に改正されたことで廃止されたものの、冠婚葬祭が「家」単位で行われているように、その名残は保たれてきました。しかし近年、家族のあり方が変容してきているといわれています。

　小谷みどり氏（シニア生活文化研究所所長）は、内閣府による調査をもとにしながら、関係性の希薄さから「家族だと思う人の範囲が狭くなっている」と指摘しています［参照→『〈ひとり死〉時代のお葬式とお墓』145頁］。

　例えば、こういうことです。今まで父・母・兄・妹の4人家族だったとします。年月が経過し、兄も妹も結婚し、それぞれが両親とは別の「家族」を持ったとします。このとき、その父・母が自

分たちの子ども（兄・妹）世帯を「家族」と認識するのか、あるい
は、子ども（兄・妹）世帯が両親を「家族」と認識するのか、とい
うことです。そして、残念ながら小谷氏によれば、大きな枠組み
で「家族」を考える人びとは少なくなってきたとのことです。

　「家族」のつながりや支えによっている部分が大きい仏教にとっ
ては、重要な問題です。「家族」の範囲が小さくなれば、必然的に
「先祖」の範囲も小さくなるはずです。これまで法事は三十三回忌、
五十回忌、それ以上も行われてきましたが、先ほどの例でいえば、
子ども（兄・妹）の子（つまり、孫にあたります）は、祖父母の法事
やお墓参りにはどのような心持ちで臨むのでしょうか？　自分の
「家族」ではないが、両親の「家族だった」祖父母といった気持ち
をいだいて仏事を行うことになるのでしょうか。

　また小谷氏によれば、今後「家族がいない」高齢者が増加する
とのことです。これは、家族・親族の関係が希薄化したこと、生
涯未婚（50歳時の未婚）の方が増加したことなどが理由です［参
照→『宗報』2020年11・12月合併号「考えさせられる葬儀
（十）」］。近年では「無縁墓」の増加によってそうした状況が明ら
かになってきていますが、これも「無縁墓が増加しているのは、子
孫が途絶えたからというよりは、生まれ育った場所で一生を終え
るという人が減少してきたことと、核家族化の影響が大きい」（小
谷みどり前掲書170頁）と指摘されているように、「家族」の縮小化
に原因があると考えられています。

　葬式・法事・墓参りなどの仏事は、「家族」そして「先祖」を中心
とした「大きく長いつながり」を前提として行われています。「大
きく長い」が「小さく短い」になることは、社会状況が関係しま

すから、簡単には変わらないかもしれません。そうしたとき、浄
土真宗において古くから、ともに阿弥陀さまの教えをいただくも
のたちを「御同朋御同行」として、「家族」とは違うつながりを大
切にしてきたことが、私たちのいのちのつながりを考えていく上
で、ヒントにできるのではないでしょうか。

Q.

06 他宗派のお葬式に参列するときに、どうすれば良いか教えてください。

この法をば信ずる衆生もあり、そしる衆生もあるべしと、仏説きおかせたまひたることなれば、われはすでに信じたてまつる

—— 『歎異抄』

突然の葬儀、困ったな……

　突然の葬儀。会葬するとき、失礼のない作法はどういうものか。特にご自身が親しくしている宗派とは異なる宗派の葬儀に参列した場合には、周りを見ながら失礼のないように振る舞った、という経験がある方もいらっしゃるのではないでしょうか。

　そもそも葬儀は、会葬者が全員同じ宗派や宗教であるとは限りません。日本には多くの宗教・宗派がありますから、同じ仏教でも他の宗派の方が来られることもあれば、仏教ではなくキリスト教やイスラム教など他の宗教の方が参列されることもあるでしょう。そうした観点からすると、特定の宗派の「やり方」を強制することなど本来できません。

とはいえ、少しは調べておきましょう

　しかし、「実際にはそういうわけにはいかないと思うから質問しているんだ」と思われるかもしれません。自分がやっている行為が、相手側にとっては失礼な行為かもしれないという不安はあるでしょう。例えば、海外旅行に行く際には行き先のマナー、ルール

を事前に調べることが大事だといわれています。インドであれば左手で握手してはいけない。ヨーロッパでは鼻をすすらない、といった予備知識はとても大切になるからです。

　そこで、他宗派の方の通夜や葬儀に出られる際、時間があるようでしたら、やはり事前に書籍やインターネット等で調べた上で、ご参列されることをお勧めします［参照→参考文献／仏教各派の仏事や葬儀について］。また、葬儀会場などで葬儀社の方に「作法で気をつけることは何かありますか」といった形でお尋ねになるのもいいかもしれません。

作法に親しむ

　こうした他宗派の作法に対して一定の知識を持つことも必要だと思いますが、どの宗派や宗教の葬儀に参列したとしても、ご自身の宗派の作法をしてはいけないという理由はありませんから、ご自身の宗派の作法をしっかりと身につけておくことも大事でしょう。例えば、焼香の仕方は葬儀における代表的な作法ではないでしょうか。

　浄土真宗では、仏前に香を供えることを供香（ぐこう）といい、その１つが焼香で、仏さまへの敬いの心を作法に表したものです。手順は、

　　①焼香卓の手前で立ち、一礼します。
　　②前へ進み、香が入った器を開けます。
　　③右手で香を一回だけつまみ、そのまま香炉に入れます（容
　　　器のふたは閉じます）。

④合掌して「南無阿弥陀仏」とお念仏を称え、礼拝します。

⑤一歩下がって一礼し、自席に戻ります。

です［参照→『浄土真宗必携　～み教えと歩む～』］。

　この他には、念珠の持ち方や礼拝の仕方、読経のときの経本の扱い方などがあります。最近は、各宗派から簡単な書籍も出ています。また、本願寺ウェブブロードキャスト（本願寺公式動画配信サイト https://broadcast.hongwanji.or.jp）では、焼香や合掌・礼拝のやり方を動画でご覧いただけるなど、映像で確認することができるようになっています。もちろん、有縁のお坊さんにお聞きになられて練習されてもいいかと思います。

一緒に考えてみましょう

▶ A　通夜・葬儀において気になる作法を調べてみましょう

▶ B　浄土真宗の作法を調べてみましょう

コラム 会葬の心得

　葬儀に参列するときに、まず気になるのが、服装です。浄土真宗の門信徒の方は、喪服に門徒式章・念珠をご持参いただきたいと思います。お子さまの場合は学校の制服など、小さなお子さまの場合は、普段の服でも構いませんが、あまり派手でない服がいいでしょう。いずれの場合も、式章や念珠をご用意いただければと思います。

　次に、会場に行ったときには、まず挨拶をします。ご遺族を思いやり、そして失礼のない表現をしなくては、と焦ってしまいます。例えば、「ご冥福をお祈りします」などは、浄土真宗では使用しない表現です［参照→別巻『死んだらどうなるの？』Chapter1-Q.07］。他には「この度はご愁傷様です」「お悔やみ申し上げます」などがよく聞かれます。こちらはご遺族を思いやる表現として使われています。

　なお、弔辞や挨拶などでは、「霊前」「み霊」「草葉の陰」「天国」「永眠」などは、浄土真宗のみ教えにふさわしくない表現で、「仏前」「往生」「浄土」などを使われると良いと思います。基本的な作法については『浄土真宗必携　～み教えと歩む～』に掲載されていますから、確認してみてください。

Q.

07 法名（戒名）は長い方が、死んだ人のためになるのですか?

しかるに愚禿釈の鸞、建仁辛酉の暦、雑行を棄てて本願に帰す。

—— 親鸞聖人『教行信証』後序

寿 限 無

「寿限無」という有名な落語がありますね。お坊さんのところで縁起の良い名前を教えてもらおうとする。落語の登場人物はたいてい間抜けなわけですが、教えてもらった親は、名前を全部引っ付けて子どもの名前にしてしまう。その結果、日本一長い名前が子どもについて……その顛末やいかに〜というのが「寿限無」のストーリーです。

そもそも主人公はなぜ長い名前にしたのか。それは、名前が長いと、子どもが長生きできるだろうと考えたからです。健康で長生きしたいというのは、誰しもが願うことです。しかし、それでは本当に大切なことに気づくことが難しくなります。むしろ、迷いの道に入り込んでしまいかねません。なぜなら、どんなに長生きしても、命には終わりがあるからです。

「戒名」ではなく「法名」

閑話休題、法名の話に戻りましょう。世間では、「戒名」と言われたりしますが、浄土真宗では「法名」です。「戒名」とは、受戒

によって与えられた名前であり、戒律を守り、修行してさとりを
開こうという意味が込められています。つまり、戒を受け出家し
たものの名前ということです。しかし、もともとは「法名」とい
う呼び名で、「戒名」と呼ばれるようになるのは、室町時代頃から
とされています（中国の古い文献にも出てこないようです）。

　浄土真宗では、受戒はありませんから、「戒名」とは言いません。
本来の呼び名＝「法名」です。「法」とは仏さまの教え、阿弥陀さま
のみ教えのことですから、「法名」はお念仏の生活を喜ぶものに与
えられるものです。

　本山で帰敬式を受け、本願寺住職（ご門主）からいただきます（別
院などでいただける場合もあります）。帰敬式では、「南無帰依仏　南
無帰依法　南無帰依僧」と誦しながら、剃刀（おかみそり）を３回頭
にあてる儀式が行われます。これが法名の授与式です。なお、帰
敬式を受けずに亡くなられた場合は、お葬式の前などに所属寺の
ご住職がご門主にかわっておかみそりをし、法名を付与すること
になります。

長いといいことがあるのか

　では、法名も、長い方がいいのでしょうか。「寿限無」の例でも
分かるように、長かったり、短かったりしてしまうと、長い方が
良いように思えてしまうのが私たちの性でもありますよね。

　しかし、元々は「釋○○」の３文字でしかありませんでした。
「釋」と名乗られた最初の方が、中国の道安（314−385）というお
坊さんです。高僧伝などをお作りになった道安は、「釋道安」と名

乗ることで、仏教を信仰するもの、仏さまの弟子であることを端的に示し、これが中国で広く受け入れられていきました。「釋」は、お釈迦さまの一字です。死んだあとだけの名前ではなくて、いま仏教に生きる人、浄土への道を歩む者としての名前。これが「法名」なのです。

　親鸞聖人の法名も「釋親鸞」です。３文字only!!

　というわけで、「法名」のポイントは、次の２点。

　　①法名は３文字。長ければいいというわけではありません。
　　②亡くなった後に限らず、仏教に生きる人としての名前です。

　西本願寺にお参りになって、帰敬式を受け、法名をいただいてほしいと思います。

一緒に考えてみましょう

▶ A 「法名」と「戒名」の違いについて確認しましょう
▶ B 「法名」の由来を確認しましょう

コラム 「戒」と「律」

　お坊さんは肉を食べない。お坊さんはお酒を飲まない。こういった、「お坊さんなら○○はしてはいけない」という決まり事、これを「戒律」と言われることが多いと思います。しかし、「戒律」の「戒」と「律」はもともと違う意味です。

　「自戒」という言葉があるように、「戒」は自分への戒めのことです。身心を整えること、行いを慎むための戒めのことで、自発的な努力によることを特徴とします。代表的なものとして、不殺生（ふせっしょう）（生きものを殺さない）・不偸盗（ふちゅうとう）（盗みをしない）・不邪婬（ふじゃいん）（よこしまな性の交わりをしない）・不妄語（ふもうご）（うそをいわない）・不飲酒（ふおんじゅ）（酒を飲まない）の五戒が知られています。

　一方、「律」は、出家者たち（サンガ）が円滑に集団生活を送るための規則です。「戒」は破ったとしても罰則はありませんが、「律」を破れば罰則があります。例えば、謹慎とか懺悔、あるいは集団からの追放などさまざまです。

　親鸞聖人のご和讃に「無戒名字の比丘なれど」（むかいみょうじ びく）（『正像末和讃』、『註釈版聖典』619頁）とあります。これは、『教行信証』の第6巻「化身土巻」に引用されている、最澄作と伝えられる『末法灯明記』の言葉を元にしています。戒律をたもつこともなく、外見のみ出家の姿をした名ばかりの僧侶のことを指す言葉です。阿弥陀さまは、戒律をたもちえない愚かな凡夫である私たちを救うために、広大な願いを建てられました。浄土真宗では、その願いを信じ念仏する日ぐらしを大切にしています。

Q. 08 死装束には、何の意味がありますか?

またかの土の衆生は、衣服を得んと欲へば、念に随ひてすなはち至る。仏の所讃のごとき法に応ぜる妙服、自然に身にあり。　—— 源信和尚『往生要集』

切腹のシーン

　「死装束」とは、死者に着せる服のことを意味し、文化や宗教、地域などによってさまざまな形が見られます。思い浮かべやすいのが、時代劇などでみかける武士の切腹シーンでしょうか。日本では、武士が切腹する際の装束も「死装束」といい、日本の伝統的な死装束である白色を基調としていました。

　日本での歴史は古く、『隋書』倭国伝にも白布製の喪服を着用する例が記されており、7世紀頃には定着していったようです。平安時代頃には、白色は、聖なる色・最高の色・中心の色と認識されるようになりました。

　例えば、花嫁衣装の白無垢、そしてはじめに述べたような武士の切腹の時の衣装も白です。「葬儀」は、最高の色で身を包み出席しなければならない場所と考えられていたということです。その後、明治時代以降は西洋の文化が流入したことで黒色の喪服が主流となりましたが、それ以前は白色の時代が長く続いていました[参照→『宗報』2012年7月号「シリーズ葬送儀礼の問題を考える」第5回「喪の色について」]。

お釈迦さまの衣

　仏教で考えてみると、お釈迦さまの例が挙げられます。お釈迦さまの死を目前とし、約25年間付き従ってきた弟子のアーナンダ（阿難）は、次のように尋ねます。

　　尊い方よ。修行完成者のご遺体に対して、われわれはどのようにしたらよいのでしょうか？

　　　　　（中村元訳『ブッダ最後の旅 大パリニッバーナ経』131頁）

　お釈迦さまは、一旦は、「そんなことはいいから、あなたは修行しなさい」などと答えるのですが、最終的には、転輪聖王（世界を支配する帝王）の例を挙げ、新しい布や綿で包むこと、火葬に付すこと、ストゥーパ（仏塔）を作るべきことを言い残しています。遺されたものたちは、お釈迦さまの指示に従って、粛々と葬儀を行ったそうです。

　亡くなられた方に対して、新たな・清潔な衣類を着せることには、故人に対する敬意、故人を大切にする気持ちが込められています。それが、新たな衣を着せるという行為に表れているのではないでしょうか。

念珠と式章を　〜念仏者として〜

　現代は、病院で亡くなるケースがかなり増えましたので、亡くなるまでは病院での生活服（パジャマなど）を着ていることが多

いと思います。病院で亡くなる場合、医師により死亡が宣告されると、エンゼルケアといって、看護師やスタッフが遺体のケアをします。そのとき、遺体をお湯やアルコールなどで拭い、遺体に新たな服を着せますが、故人が生前好まれていた衣服や着物などを着せていただくことが増えているそうです。これが現代版「死装束」にあたります。

　浄土真宗のご門徒であれば、門徒式章やお念珠もご用意いただければと思います。僧侶であれば、法衣（布袍や輪袈裟）になるでしょう。

一緒に考えてみましょう

‣ A 「死装束」が「白」と考えられる理由を考えてみましょう
‣ B なぜ「死装束」が必要とされるのか考えてみましょう

コラム **経帷子は使わない**

　浄土真宗の葬儀では、導師は七条袈裟など、浄土真宗の服装規定の中で最も高い位に位置づけられるものを着用しています。他に七条袈裟を使うのは、親鸞聖人のご命日の法事にあたる「報恩講」のときなどです［参照→113頁］。最高の衣体を用いることで、葬儀が最も大切な儀礼の１つであることを表しています。

　亡くなられた方の服装については、さまざまな習俗が見られます。現代に伝わる日本の葬儀の形式に大きく影響を与えたのが、禅宗の葬儀です。その原形は、中国・宋の時代に成立した『臨終方訣』からうかがえます。遺体を湯で清め、遺髪や髭を整え、顔に化粧を施すとともに、衣を替えることも定められています。日本では、これに基づいて、「経帷子」（白の木綿を用いた裏地のない服で、一面に経文が書写される）を着る風習が広まったようです。しかし、これは書かれたお経の功徳で浄土へ行くという発想でなされるもののようで、浄土真宗ではその必要はありません。なお、旅立ちの装束として、「手甲」・「脚半」、あるいは「六文銭」が用いられることがあるようですが、同じように必要ありません。その理由は、浄土真宗のみ教えは、阿弥陀さまの本願力によって、命終えると浄土に生まれて仏と成るという教えですから、仏と成られた方に、功徳を振り向ける必要はないと考えるからです。

Chapter 3

「法事」へのギモン

お葬式から帰って
塩を撒くのはなぜですか?

煩悩具足の凡夫、火宅無常の世界は、よろづのこと、みなもつてそらごとた
はごと、まことあることなきに、ただ念仏のみぞまことにておはします

——『歎異抄』

塩を撒く意味

　通夜やお葬式、収骨などから帰ってくるときに、塩を体にかけ
たり、塩を足で踏んだりされることがあります。「清め塩」と言
われています。葬儀場によっては、小さな袋に入れられた塩が配
られたりすることもあるようです。

　塩を使うと言えば、例えば大相撲が思い浮かびますよね。かつ
て幕内で活躍された元関脇・水戸泉関は、力強い相撲内容はもち
ろん、大量の塩を撒くことで人気を博しました(今は、照強関です
ね)。また、プロ野球で、あるチームが大型連敗したとき、ベンチ
の横に盛り塩をしたことが報じられたこともありました。

　こうした行為に見られるように、場所や悪い傾向などを「清め
る」ために「塩」を使うことは、日本で古くから行われてきたよ
うです。では、なぜ「清め塩」が行われるのでしょうか。このこ
とについては、さまざまな説があります。例えば、

　①古代に海水で身を清めていたものが、塩に転化した。

②神道で死を穢（ケガレ）とみなしたことからこれを清める
のに塩をかけた。

などです。

どうやら、「ケガレ」も関連しているようです。「ケガレ」とは、「死」や「血」に関する考えを元にしていました［参照→コラム「けがれ・ケガレ・穢れ」］。

「清め塩」とは……

「清め塩」の内容を詳しく見ていきましょう。「清める」ということですから、その対象が必要となります。お葬式の場合、その対象は「亡くなった人」であり、死者から「ケガレ」がもたらされると考えます。そして、その「ケガレ」が伝染していくとも考えられています。

お葬式の時、「忌」という張り紙が家の前に貼られることがありますが、これも、「私の家でお葬式がありました。そのケガレが伝染してはいけないから、私の家には近寄ってはだめですよ」という意味があるようです。こうした考えを背景として「清め塩」が行われているのです。

浄土真宗では、必要ない！

浄土真宗では、「清め塩」は必要ありません。なぜなら、阿弥陀さまの本願を信じ念仏するものは、亡くなると浄土へ往生してさとりを開くという教えですから、「死」や「死者」をケガレに結び

つけることはないからです。そもそも「清める対象」が存在しないのですから、「清め塩」は必要ないですし、亡くなられた方をその対象とすることは、仏と成られた方に対して礼を欠いているとも言えるでしょう。

仏教的「清」

　では、浄土真宗において「清」ということは言わないのかというと、言います。阿弥陀さまをほめたたえる言葉に、「清浄光」や「清浄楽」「清浄勲」などがあります。これらは「清らかなる仏さま」との意味があります。

　ではなぜそのようにたたえられるのかというと、例えば経典には、阿弥陀さまの浄土を「清浄仏土」「清浄国土」「清浄業処」などとも示されています。あらゆる人びとを救うために阿弥陀さまは「清らかな」願いの心をもって修行し、「清らかな」国土である浄土を完成されました。そして、常に私たちを「清らかな光」によって照らしくださっているのです。浄土真宗で「清らか」とは、仏さまのことを表すのです。

一緒に考えてみましょう

▸ A　なぜ「清めたい」と考えるのでしょうか
▸ B　仏教での「清」を考えてみましょう

コラム 迷信はすべてダメ？

　47都道府県の珍しい慣習などを紹介する番組があります。諸外国に比べれば日本は狭い国だとしても、地域性豊かな行事や風習が各地に息づいています。例えば、お祭りは本当に地域性を表したものですよね。同じように葬儀や法事などの仏事も、各宗派において一定の決まりはありますが、各地域で慣習的に行われてきた習俗の影響を受けるなどして違いが生じています。語呂合わせなどから派生したものなど、迷信めいたものも多くありますので、いくつか紹介したいと思います。

　例えば「友引」。日の吉凶を占う「六曜」の1つで、葬儀や火葬を行わない方が良いとされています。『広辞苑』によると、何事も勝負が付かない日を指し、俗信で友を引くとして、葬式を営むことを忌むとされています。しかし、親鸞聖人は、『大集経』という経典の「歳次日月の吉凶を択ばず」（『註釈版聖典』435頁）という文を引用されています。現代でも気にする方がいらっしゃるかもしれませんが、友引に葬儀を行ってはいけないということはありません。ただし、自治体によっては「友引」は（友を引くという語呂合わせから）火葬場を休みにしている所もあります。結婚式の日取りなども「仏滅割引」などあることからわかるように、日本人にとって当たり前のことになっているのが「六曜」です。

　葬儀後の四十九日（満中陰）が3カ月にわたる「三月がかり」を避けるというものもあります。これは、室町時代の日記にもでるようですが、「始終苦が身につく（四十九が身に月〈つく〉）」という語呂合わせだと説明されることが多いですね。しかし、そもそも

月の後半に亡くなれば、3カ月にわたることは避けられません。しかし「三月がかり」で満中陰法要をつとめたら必ず悪いことが起こるかといえば、そんなはずはありません。

　その他、枕元に置かれる枕飯（一膳飯）や、霊柩車が出発する前に茶碗を割る、出棺前の「棺回し」、両親より先に亡くなった子どもの葬儀には両親は参列しない、など実に多様なものが見られます。こうした葬儀に関係する習俗について記録している書籍に、井之口章次『日本の葬式』（筑摩書房、2002年／初版・早川書房、1965年）などがあります。

　これらを「迷信だから」「浄土真宗の教えにあわないから」といって否定することは簡単です。しかし、葬儀に残る地域性や習俗は、古来人びとがどのように死者と生者のつながりを感じ、どのように死者を弔おうとしてきたかを端的に表しているものでもあります。「なぜこんなことをしているのだろう」と考えることも重要ではないでしょうか。

Q. 02 初七日なのに お葬式のときにするのはなぜですか?

しかれば葬送中陰の間、念仏報恩の経営ふたごゝろなく、勤行の丹誠を抽で、
五旬の忌辰を経おはりぬ。　　　　　　　　　　——『蓮如上人遺徳記』

葬送儀礼以降のおつとめ

　仏教では、「お葬式」を終えてからも、引き続き法要をつとめて
いきます。それらは、大きく3つに分けることができます。

　　①中陰法要：初七日・二七日・三七日・四七日・五七日・六
　　　　七日・四十九日（満中陰）
　　②年忌法要：一周忌・三回忌・七回忌……五十回忌・百回忌
　　　　……
　　③そ　の　他：百か日、盆・彼岸など時節に応じた法要。

　並べてみると、実に多くの法要がありますね。質問にある初七
日とは、亡くなった日から数えて7日目をいい、その後、四十九
日（満中陰）までに7日ごとにつとめられる法要のうち、初回の
ことです。なぜ7日ごとにおつとめするのかについては、一般的
には、四十九日までは人が亡くなってから次に生まれ変わるまで
の間の期間（中有・中陰などと言います）にあたり、7日ごとに
故人のために供養を行えば、亡くなられた方がよいところへ生ま

れ変われる、という考え方に基づいています。

　浄土真宗のみ教えでは、阿弥陀さまの本願を信じ念仏するもの
は、この世の命を終えると、浄土に往生して速やかにさとりを開
くという教えです。中陰・中有という考え方にもとづかず、阿弥
陀さまのみ教えを聞くご縁として７日ごとにつとめていきます。

浄土真宗では……

　室町時代末期の本願寺の葬送・中陰に関する資料（「葬送中陰
記」）の中には、中陰法要に関して「縮七々日」などという表現
があります。期間を短縮して、例えば２〜３日おきに中陰法要を
行っていたことが窺えます。その理由は、親族が集まっている間
に行うという意味合いが強いようで、一つひとつの法要はあくま
で別の日に行われていました。

　では、現在はどうかというと、浄土真宗本願寺派で行われた
「宗勢基本調査」（2015年・第10回）によれば、「初七日の併修」
が増えており、「葬儀の簡略化」が進んでいる一環として位置づけ
ることが出来ます［参照→『宗報』2016年１月号「第10回宗勢
基本調査中間報告（単純集計）」］。

なぜ併修されるのか

　現代の特徴は、併修という方法に限らず、お葬式や法事にかか
わる事柄は簡略化の傾向が急激に進行しているところにありま
す。そこで、なぜ「併修」するのかという質問に戻りますと、こ
の質問は「お葬式」や「法事」がなぜ簡略化されているのかとい

う疑問と同じと考えることもできます。

　そうすると、どうしても遺族側の事情、例えば、お葬式を終えて初七日に当たる日に再度遺族が集まることは大変であるといった事情や、葬儀と初七日の間隔が短すぎるため、まとめてやっておきたいといった事情が考えられます。

　こうした事情を汲み取る必要がある一方で、やはり、「大変なことであってもこれまで初七日が大事な仏事として行われてきた理由」も見直していく必要があるのではないでしょうか。

「併修」のときには

　日本では初七日まで毎日墓参する地域や、初七日まで親族はずっと亡くなられた方の家に居続ける地域があるなど、初七日までの時間は非常に大切な時間として過ごされてきました。つまり、初七日は「やらなければならない作業の一つ」ではなく、「亡くなられた方を中心にともに過ごす中で、死を受け容れていく重要な時間」、故人が亡くなられた後に続く生活の中に出てくる最初の区切りだったのです。

　ですから「併修」したとしても、例えば、各家庭それぞれで初七日を行ってはいかがでしょうか。親族や有縁の方々が集まることが難しい場合もあるかと思いますが、それぞれが、各ご家庭の仏前において、大切な方が亡くなってからの時間を受け止め直す機会にしてほしいと思います。

コラム　亡くなった後、彷徨う!?

　亡くなった後どこに生まれるのか？　中国では道教の影響を受けて、７日ごとに閻魔さまなどの冥界の王に、生前の行いを裁かれるという考えが加えられ、十王信仰が成立しました。７日ごとに、亡くなられた方のために生者が良いことをすれば、亡くなられた方も良いところに生まれ変われると考えられたのです。この十王こそが、７×７日ごと、百か日、一周忌、三回忌の計10回の裁判官です。特に最初の49日間を「中有」「中陰」などといい、亡くなった後、次に生まれ変わるまでの大切な期間とされています。ですから、この「中有」の期間に、「良いことをする」必要があるとされ、一般的には「追善供養を行う」などと言われているのです。

　こうした考えが中国から日本に伝来し、『地蔵十輪経』などの経典によって広まり、慣習として根付いたのだと考えられます。日本では、５×７日の三十五日を重視する地域や、火葬を先にし骨葬する地域では葬儀当日に納骨する場合もあるため、四十九日や百か日も一緒につとめる場合もあります。いわゆる法事の併修・繰り上げについては、地域性も多分に関係しています。

Q. 03 お盆の時期の直前に亡くなった場合、初盆はつとめるのですか?

昨日今日と打過行程に、はやうら盆にもなりにけり。依之無常を観ずるに、誠以夢幻の如し。

——— 蓮如上人『御文章』

タイミングは大事?

「結婚式は吉日大安でやろうか?」

「いや、割引があるから、仏滅のほうがいいのでは?」

こんな会話聞かれたことありますか。私たちの生活を振り返ってみると「日の良し悪し」、あるいは「物事を行うタイミング」を大事にしていることに気づきます。仏事についてもそうですよね。例えば、お盆・お彼岸には多くの方がお墓にお参りされます。あるいは、一般的には友引には葬儀をしないとされています。

ご質問は、お盆近くに亡くなられた場合、あまりにも時期が近すぎるので、改めて初盆を行う必要があるのか。また、他の法事などはどうするのかという意図かと思います。

初 盆

人が亡くなってから初めて迎えるお盆を「初盆」(「ういぼん」「しょぼん」とも)といいます。地域によっては「新盆」(「しんぼん」「あらぼん」とも)と呼ばれることもあります。

盆行事は極めて地域的な差が大きいことが特徴ですが、初盆は

大切にされることが多いようです。例えば、江戸時代以降、広島県西部を中心に、竹と紙で作られた盆灯籠をお墓に供えることが習慣となりました。赤・青・黄などの紙を用いたカラフルな盆灯籠が供えられていますが、初盆のお墓には特別に白色の紙が使われます。

白い盆灯籠（広島県安芸高田市・長圓寺）

なお、近年の研究では、例えば葬儀業者の介在が大きい地域は、初盆が葬儀化しており、盆棚や盆飾り、服装にまで影響を及ぼしているとも言われています。その結果、一連の葬儀の終わりの儀礼として、故人との別れの要素が強くなってきており、葬儀が小規模化しているように、盆行事も小規模化する傾向にあるとされています［参照→山田慎也「葬儀化する初盆と葬祭業の関与」（『宗教研究』第87巻別冊、2014年）］。

お盆と四十九日は関係ある？

いくつかのウェブサイトなどでは、「初盆」は、四十九日の満中陰法要が終わってから迎えると記されている場合があります。地域によって違いはありますが、満中陰や百か日など、一定の時期が過ぎてからお墓への納骨を行われ、納骨をしてから初盆を迎える場合もあり、お亡くなりになった時期によっては、慌ただしく

お盆を過ごされることもあります。

　ではなぜ四十九日と関係するのか。それは、満中陰までの７×７日間は中陰と言われ、一般には、亡くなられた人が次に生まれ変わる行き先が決まると考えられているからです［参照→コラム「亡くなった後、彷徨う!?」］。すると、全国的にお盆がつとめられることが多い８月15日に初盆のおつとめを行う場合、次のようになると思われます。

〈ケース１〉　６月20日にお亡くなりの場合→８月８日に満中陰→あれ!?　期間が短い……

〈ケース２〉　６月27日にお亡くなりの場合→８月15日がちょうど満中陰→あれ!?　同時につとめてもいいのだろうか……

〈ケース３〉　６月30日にお亡くなりの場合→８月18日が満中陰→あれ!?　お盆まで２カ月近くもあるけど今年が初盆じゃないの？

　今年か来年か、少しの違いで大きく変わってしまうようです。７月中や８月上旬に亡くなられた場合も、〈ケース３〉のように、来年という計算になり、場合によっては一周忌と併せておつとめされることもあるでしょう。

どう過ごすかが大事

　一方、浄土真宗は、阿弥陀さまの本願を信じ念仏するものは、

この世の命を終えると浄土に往生して速やかにさとりを開くという教えです。中陰に関係なく、行き先は浄土、そして浄土で仏さまと成られますから、「次の生まれ変わりが決まる」という中陰の考え方は否定されます。

　というわけで、浄土真宗では、「お亡くなりになって初めてのお盆」とお考えになったら良いかと思います。そもそも、お盆をつとめる時期にしても、7月につとめる地域もあれば、8月につとめる地域もありますから、一概にこの時期に亡くなったから、と決めることはできません。お盆の直近に亡くなられた場合は、各寺院によって対応が変わる場合もあると思いますが、ご家族や親族、寺院のご住職とよく相談なさって、実情にあったお盆をお過ごしいただきたいと思います。

　そのとき大切にしていただきたいのは、どうお盆を過ごすのかということです。その年に初盆をつとめる場合はもちろん、次の年に行う場合であっても、大切な方が亡くなってから迎えるお盆は大事なものです。

一緒に考えてみましょう

▸ **A 地域で「お盆」にはどのようなことをしているか調べてみましょう**
▸ **B 仏教で「お盆」にはどのようなことをしてきたか調べてみましょう**

コラム　お盆の由来

　「お盆」は、従来、梵語の「ullambana（烏藍婆拏）」を音写した
もので、「倒懸」の意、つまり逆さに吊されている苦しみとされて
きました（玄応『一切経音義』巻13、ただし、サンスクリット文献
に"ウランバナ"という語はないという指摘もあります）。現在では、
飲食物を盛る器の意と考えられています。

　この「お盆」の由来を経典に求めると、『仏説盂蘭盆 経』だと考
えられています［参照→辛島静志「「盂蘭盆」の本当の意味――千
四百年間の誤解を解く――」（『大法輪』2013年10月号）、『季刊せい
てん』№123］。この経典では、お釈迦さまの弟子・目連尊者が、餓
鬼道に落ちた母の苦しみを救うために、7月15日（新暦に直せば
8月15日）に飲食や供物を供えました。これによって、目連の母
は苦しみから救われ、目連は歓喜踊躍したと伝えられています。

　お釈迦さまの時代、インドでは1年に3カ月ほどが雨期にあた
り、僧侶たちは例えば祇園 精 舎などに留まって、勉学や修行をし
ていました。その雨安居が開ける日が「自恣の日」です。僧侶た
ちはその日々の反省を行い、次の日からの生活に備える大切な日
です。人びとからさまざまなお供えを受け、その食べ物を受ける
器が「盂蘭盆」なのです。東アジア・東南アジア地域では、これ
をルーツとした盆行事が広く行われています。

Q. 04 3年前に亡くなった祖父とは あまり仲が良くありませんでした。 法事をしなければなりませんか?

仏法には明日と申すことあるまじく候ふ。仏法のことはいそげいそげ

—— 『蓮如上人御一代記聞書』

さまざまな出会い

　私たちは生きている間に、一体何人の方と出会うのでしょう
か。一説では、「出会う」ということを「何らかの接点を持つ」と
考えると、約3万人だそうです。多いと思われますか?　少ないと
思われますか?　ちなみに現在の世界の人口が約70億人ですから、
3万人であれば、0.0004%ほどです。

　気づかないほど多くの出会いに満ちているのが私たちの人生で
す。出会いには、「同じ地域で生まれ育ち、幼稚園・保育園から一
緒」といったもの、「共通の趣味」を通したもの、最近であれば「イ
ンターネットを介して」のものまで、さまざまな形があります。そ
うした出会いの中でも、「家族」は特別ではないでしょうか。出
会いたくて出会ったわけでもありませんし、簡単に離れるという
ことができるわけでもないからです。

怨憎会苦

　人と人との関係は本当に難しいものです。家族であれば、なお
さらでしょう。お釈迦さまは、四苦八苦という形で私たち人間で

102

あれば誰もが逃れられない「苦」を説かれました [参照→別巻『死ん
だらどうなるの？』Chapter1-Q.06]。その中の１つに、会いた
くない人とも会わなければならないという「怨憎会苦」がありま
す。家族であっても、それぞれの関係が良好であるとは限りませ
んし、「もう会いたくない」「関係を持ちたくない」という方もいら
っしゃるでしょう。

　「法事をしなければならないか」というご質問ですから、「法事を
しなければ」何か悪いことがあるのではないかなどとお考えなの
かもしれません。しかし、「法事」は、「しなければならない」と強
制されてつとめられるものではありませんので、ご質問者の方が
「法事」をすることで辛い状況に追い込まれるといったことでした
ら、遠慮されてもいいのではないでしょうか。

一人で決められる？

　その上で２つだけ気になることをお伝えします。

　まず、ご質問者は「祖父の法事」をするかどうかを尋ねられて
いますが、例えばご両親はどのようなお考えなのでしょうか。ま
た、ご両親やご親族の方はご質問者と故人（祖父）との関係をご存
じなのでしょうか。仮にご質問者が一人で法事をしないことを決
めたとすれば、問題が生まれることがあるかもしれません。浄土
真宗では法事を、故人を中心として有縁の方々があい集い、語り
合い、故人を懐かしみながら、あらゆるものが阿弥陀さまに等し
く救われていくというみ教えを聞く機会だと考えています。ご親
族や有縁の方々の中で、そうした機会を大事に考えている方、当

然法事は行われるであろうと考えられている方もいらっしゃるで
しょうから、そうした方々への配慮は必要になるでしょう。

　次に、「3年前に亡くなった」とあることです。「3年前」ですか
ら、三回忌まではつとめられ、それ以後の法事はしなければなら
ないのか、というご質問にも受け取れます。一般に、法事は三回
忌の後、七回忌、十三回忌、十七回忌と続いていきますので、ご
質問者が中心となって続けなければならないのかもしれません。
この点については、ご質問者の生活環境（仏事を依頼する寺院との
関係、ご親族との関係など）や年齢（いつまで中心となってできるの
か）などが関わってきますが、三回忌まで終わっているのであれば、
次は故人が亡くなってから6年後の七回忌です。時間もあります
から、ご家族・ご親族と相談されてはいかがでしょうか。

　こうしたことについて、一度、有縁のご寺院に相談いただけれ
ばと思います。そして、先に言いましたように、法事は有縁の方々
が集う中で阿弥陀さまのみ教えを聞いていく大事な機会ですか
ら、ご質問者だけでなく、有縁のみなさんにとってもよりよい形
でつとめられることを願っています。

一緒に考えてみましょう

▸ A　なぜ法事を「しなければならない」と考えるのでしょうか
▸ B　「法事」はどのようにつとめられてきたか調べてみましょう

コラム　法事にも地域差が!?

　「年回表」「年忌表」というものをご覧になったことはありますか？　例えば三十三回忌は何年に亡くなった方が当たるのか、といったことを一覧表にしたものです。2021年でいえば、一周忌は2020年にお亡くなりの方、三回忌は2019年にお亡くなりの方、といった具合に、七回忌、十三回忌、十七回忌、二十五回忌、三十三回忌、五十回忌などが示されています。

　この年忌法要を行う時期については、中国の思想や故事、十二支に基づいていると考えられています［参照→普賢保之「浄土真宗における年回法要の意義について」（教学研究所ブックレット№3『真宗における伝道』第2章、2001年）］。また、日本では「家の観念」が発達した中世末期から近世初期にかけて年忌法要が長くなっていったとも指摘されています。中国から入ってきた十王信仰にもとづく三回忌までの法要に加えて、十王に三王を加えた十三仏信仰が成立したことで、七回忌、十三回忌、三十三回忌が加わったというのです。その他、二十三回忌や二十七回忌がないぞ！という方もいらっしゃると思いますが、これは古くから三や七の数字を大切にされたことから来ていると説明されることがあります。

　こうした回数のほか、例えば、法事の規模にも違いがあります。家族・親族だけでなく、近隣の人もお招きして行われている地域が多くあります。また、内容についても、「浄土三部経」を全て読経する地域では、休憩を挟みながら法事が行われるそうです。その休憩に間に、うどんが振る舞われる地域もあるとか……。

どのやり方が「正しいのか」ではなく、それぞれの地域や家々のやり方を大切にし、これからも受け継いでいっていただきたいと思います。

年忌表の例（資料提供：岡山県岡山市・源照寺）

Q. 05 法事は寺院でもできますか?

十方微塵世界の　念仏の衆生をみそなはし
　摂取してすてざれば　阿弥陀となづけたてまつる　── 親鸞聖人『浄土和讃』

法事は自宅で？

　少し前まではほとんどのご家庭に仏壇がありましたので、法事をするのであれば、ご自宅が当たり前だったように思います。

　しかし、かつては仏事を行う場として一般的であった「家」も、「仏間」という仏事を行うことを前提にした空間を配する構造にはなっていない場合もあります。また、昔のように出身地周辺で生活し続けるということも少なくなっていますし、親族が住んでいる地域も、飛行機を使わないと往来できないほど広範囲にわたっているという場合も珍しくありません。そのため、移動や会場へのアクセス、駐車場の確保をはじめとして親族が集まりやすい場所が優先されることで、ご自宅での法事も少なくなっているように思います。こうしたことから、近年は、ウェブサイトなどで調べると、斎場やホテルなど色々な場所で法事を行うプランが出されています。人口の移動、家や家族の変化は、今後ますます法事などの仏事に影響を与えると考えられます。

ぜひお寺でやってください！

　「寺院でやれますか？」というご質問は、どういった状況なのか
わかりませんが、おそらくご自宅で法事を行えない事情があるの
だと思います。そうでしたら、ぜひ、寺院でやっていただきたい
と思います。

　法事は故人を偲びつつ、仏さまのみ教えに出遇（であ）うために行うも
のです。「仏さまのみ教えを聞く場」として作られている寺院は、
まさに法事に適した空間なのです。

法事で「談合」しよう！

　浄土真宗のお寺に行かれたことはありますか。浄土真宗のお寺
の特徴は、一般の方々が座る場所、これを「外陣（げじん）」と言っていま
すが、そこが寺院全体の中でも広い構造になっています。これ
は、もともと多くの方々が集まって座をともにするために設けら
れたと考えられています。では、広いスペースに集まって何をし
ていたのか。それは、「談合」することにあったのです。

　昔からお寺はなにやら怪しげな事をしていたのか!?　と思われ
た方、決して悪いことをしているわけではありません。もともと
「談合」とは、話し合うこと、相談することを意味していました。
「談合」が浄土真宗で盛んに行われるようになったのは、本願寺
第8代蓮如上人（1415−1499）の頃です。多くの人びとが村の
道場に集まり、蓮如上人から送られたお手紙（『御文章』）に書か
れた浄土真宗のみ教えを聞いた後、仏法の話をすることを「談

合」と言っていたのです。みなで寄り合って仏さまの話を相談する。これが「談合」であり、浄土真宗のお寺の原点です。

お寺は、お坊さんだけのものじゃない！

　浄土真宗のお寺は、お坊さんだけでなく、所属する門徒の方々、地域の方々など、さまざまな人びとが寄り合って使うことができる空間です。もちろん法事にも、ぜひとも使っていただきたい場所なのです。

　知り合いの寺院がないという方には、浄土真宗ではお寺を紹介させていただくこともできます。浄土真宗本願寺派には、全国各地に別院という寺院や、教務所と呼ばれる行政機関があり、浄土真宗本願寺派（西本願寺）公式Webサイトの「寺院・団体を探す」（https://www.hongwanji.or.jp/local/）で確認できます。ぜひお問い合わせください。

一緒に考えてみましょう

▶ A　寺院の建築様式について調べてみましょう
▶ B　お寺で何ができるのか考えてみましょう

コラム　お寺の活用

　「お寺」は一体何のためにあるのでしょうか。昔もさまざまな行事で人が集まっていましたが、近年は本当に色々な使われ方をしています。例えば、ヨガ教室、就学支援、子ども食堂など、お寺と関わりがある人（門信徒）以外の方を対象にした活動を行う寺院が増えています。

　そうした中、近年の大きな動きとして、平成23年（2011）３月11日の東日本大震災以降の寺院と行政との連携が挙げられます。東日本大震災では、多くの寺院が避難場所として寺院を開放したことから、その後、日本では地震だけでなく台風や大雨などの大規模災害を毎年経験することもあり、宗教施設を防災拠点として活用することが模索されています。その１つの成果が、未来共生災害救援マップ（略称：災救マップ、https://map.respect-relief.net/）です。災救マップは、「全国の避難所および宗教施設あわせて約30万件のデータを集積した日本最大級の災害救援・防災マップ」で、「防災の取り組みを通して、自治体、自治会、学校、寺社・教会、宗教施設、NPOなどによる平常時からのつながり、コミュニティ作りに寄与し、災害時には救援活動の情報プラットフォームになることを目指して」作成されています。また、東京都宗教連盟は、震災時の帰宅困難者対策のためにも宗教施設を防災拠点とするため行政（東京都）との連携を始めるなど、全国でこうした活動が模索されています。

　寺院は、限られた一部の人たちだけのものではなく、地域コミュニティ形成の場となることが期待されています。

06 法事は何回忌までやればいいですか?

如来大悲の恩徳は　身を粉にしても報ずべし

　師主知識の恩徳も　ほねをくだきても謝すべし ── 親鸞聖人『正像末和讃』

「いつまでやるべきか」

　法事ですが、亡くなられてから都合何回行うようになっているかご存じですか。一般的には次のように行われています。

・没後49日まで7日ごとの中陰法要（初七日から満中陰）。

・その後、百か日、一周忌・三回忌・七回忌・十三回忌・十七回忌・二十五回忌・三十三回忌・五十回忌、百回忌。

　※地域によっては、二十三回忌・二十七回忌がつとめられる

・その後、50年ごとにつとめられる。

　つまり、五十回忌まで行ったとしたら、約50年の間に計17〜18回ほどの法事が行われることになります。

　しかし、今後、少子化・高齢化が進めば、法事を継続すること自体が困難な状況が予想されます。90代で亡くなられた方の子どもが60代であった場合、例えば、十七回忌では80歳前後になります。となると、80代の子ども世代ではなく、孫世代が中心となることが必要となります。しかし、孫世代となると、少子化の影響

から、一人の方が数名の方の法事をつとめるという場合も考えられます。

浄土真宗本願寺派の第10回宗勢基本調査（2015年実施）によれば、五十回忌までつとめる方は、20年前と比較すると減少してきたとはいえ、いまだ50％近いということがわかっています［参照→『宗報』2016年１月号「第10回宗勢基本調査中間報告（単純集計）」］。ですので、やはり五十回忌が１つの大きな区切り、一般的にいう「弔い上げ」に当たると考えることができます。

しかしながら、20年前と比べると、三十三回忌まで、あるいは三十三回忌までのどこかで法事を終えるという方は増加傾向にあります。やはり今後徐々に法事を長く続けることが難しくなっていくように思われます。

実情にあった選択を

法事は、強制的にやらされるものであってはなりませんが、また、「ここまでやったから、故人が浮かばれるだろう」といった意味で行うべきものでもありません。

法事とは、有縁の方々が集い、語り合う中で、阿弥陀さまのみ教えを聞く機会となるものです。確かに、少子高齢化によって継続することが困難である場合や、まったく知らない人のために法事をする必要があるのか、という意見があることは理解できます。しかし、そうした状況だからこそ、有縁の方々が集まり、故人や先祖を偲びつつ語り合うことは、ご自身の家族のこと、先祖のこと、家のこと、地域のこと、そして、阿弥陀さまのみ教えを聞く中

に自分自身のことを聞く機会をもつことの意味があるのではない
でしょうか。特に、住職、お坊さんは地域に代々根付いていらっし
ゃる方が多いですから、色々なお話が聞けることと思います。「い
つまで」と思わず、ぜひ法事を続けていただきたいと思います。

浄土真宗史上最長の法事

　ところで、浄土真宗で一番長く続けられている法事をご存じで
すか……？

　正解は、親鸞聖人のご法事です。親鸞聖人は弘長2年、新暦で
言うと1263年1月16日にご往生されました。平成23〜24年（2011
〜12）の親鸞聖人750回大遠忌では、全国から100万人を超える方
が京都の西本願寺にご参拝になりました。大遠忌は50年ごとで
すが、ご命日の法要は毎年行われています。西本願寺で毎年1月
9日から16日に行われている「御正忌報恩講」です。

　「報恩講」は、親鸞聖人の曾孫にあたる本願寺第3代覚如上人
（1270–1351）が始められました。親鸞聖人の三十三回忌にあた
って『報恩講私記』を、翌年には聖人の事績を描いた絵巻物『親鸞
聖人伝絵』を制作されました。『伝絵』は後に絵相の部分をまとめ
た「御絵伝」と詞書（文章）の部分
をまとめた「御伝鈔」に分けて伝え
られ、現在も西本願寺や各寺院で
は、報恩講法要の際に「御絵伝」を
本堂内陣の余間に掛け、読経後に
「御伝鈔」が拝読されています。

▶**A 「法事」が続かない理由を考えてみましょう**
▶**B 「報恩講」について調べてみましょう**

コラム **「報恩講」のお斎**

　「報恩講」は、全国のお寺でも行われています。そして報恩講の名物とも言えるのが「お斎」です。もともとお斎とは、午前10時から正午までに摂る食事を指していました。本願寺では、御正忌報恩講の期間のうち毎年1月10日から15日まで、国宝の書院・対面所（鴻の間）にて、お斎の接待を行っています（ご懇志が必要です）。

　本願寺では、第8代蓮如上人の頃、自らが育てた野菜や穀物を持ち寄り、お寺での聴聞の間に調理して食事を分かち合ったのが、お斎の始まりと伝えられています。現在でも、動物性の食材は用いず、胡麻豆腐や煮しめ、香の物、味噌仕立ての汁物などによる一汁五菜を基本とし、朱塗りのお椀などに盛りつけられています。ご飯は、全国のご門徒より進納されたお仏飯を炊き、和歌山よりご進納された蜜柑や、お仏飯を使用した本願寺せんべいをお土産としてお持ち帰りいただいています。

　各寺院でも、親鸞聖人にちなんだお斎が振る舞われています。ぜひ一度、報恩講に参拝され、豊かな食事の味わいとともに、私たちが食事を摂ることの意味も味わっていただきたいと思います。

Q.07 来年、父の二十五回忌をつとめます。 自分のときには、二十五回忌まで つとめてもらえるか心配です

安楽浄土にいたるひと　五濁悪世にかへりては
　釈迦牟尼仏のごとくにて　利益衆生はきはもなし　── 親鸞聖人『浄土和讃』

続けていくこと

　自分の死後、法事をつとめてくれるのか心配。これはなぜなの
でしょうか。やはり子ども世代は、仏教や寺院、お盆・お墓参り
などの仏事への関心が低く、法事などをやってくれないのでは？
という不安があるからでしょうか。それとも、単純に親子仲が悪
いから法事をしてくれないだろうということでしょうか。

　現代は家族の形態や関係、社会構造が著しく変化しています。そ
れに伴って、古くから行われていることを「続けていく」「受け継
いでいく」ことが困難になりつつあります。

形あるもの・形なきもの

　このことは法事だけでなく、仏教に関係する色々な側面に見ら
れます。ここでは、「有形」「無形」という観点から見ていきましょ
う。

　まずは「有形」〈形のあるもの〉です。各ご家庭にある仏壇（本
尊、仏具など）、念珠や読経に用いる経本（勤行聖典、御文章）、過
去帳など、仏事で用いるものがあります。また、現在では「墓じ

まい」や墓石投棄が社会問題として報道で取り上げられているように、お墓を受け継いでいくことも、子ども世代における難題です。

　これに対して「無形」〈形のないもの〉もあります。これは「そうすることが当たり前だ」という形で残っていることです。大切な人が亡くなれば葬儀を行う。法事をつとめ、お盆・お彼岸にお墓参りをする。毎朝毎夕、仏壇の前で手を合わせる。こうしたことは、学校で先生に習う、本を読んで勉強して学ぶというわけではなく、家族とともに生活し続ける中で、あるいは特定の地域に住み続ける中で、ごく自然に身につけられていくというものでした。

　ですから、「なんでやる必要があるのか」「どういった意味や役割があるのか」といったことを、はっきりと分かる言葉や方法で教えられることは少なかったといえます。だからこそ、人びとの生活環境や意識・価値観が変わることで、「受け継ぎ、伝えていく」ことが困難になってきたのでしょう。

生かされていることに気づく

　そこで考えなければならないのは、「なぜ今まで法事はつとめられてきたのか」「なぜ法事は大事にされてきたのか」ということです。

　法事では、故人にご縁のある人びとが、それこそ祖父母世代から子、孫、曾孫世代までが集い語り合います。「昔、法事をした時こんな話を聞いたんだよ」「あなたが小さい時の法事で、親戚の叔父さんが可愛がってくれたんだよ」。こんな思い出話をするこ

となどを通して、自分自身が一人ではない、多くの方々と共に生きている、生かされていることに気づく場となるはずです。

法事の継承は教えの継承

　日常の中で、法事という機会にみ教えを聞くことを通して、いのちのつながりを実感することを浄土真宗では大切にしています。来年お父さまの法事をつとめられることで、きっと次の人に伝わるものがあるはずです。その際には、ぜひお子さま、お孫さまだけでなく、多くの親族、有縁の方々もお呼びになってはいかがでしょうか。お坊さんから阿弥陀さまのみ教えだけでなく、故人の話や「法事」をはじめとする仏事に関するお話を聞かれてもいいかもしれません。また、ご希望であれば、寺院から法事のご案内を継続的にお知らせさせていただくこともできます。

一緒に考えてみましょう

▶ A 次の世代に「受け継ぎ、伝えたい」ことを考えてみましょう
▶ B 「法事」がなぜ大切にされてきたのか考えてみましょう

コラム 世々生々の父母・兄弟なり

　亡き父母のために念仏したことは一度もない。『歎異抄』(第５条意)に示された親鸞聖人の言葉です。この言葉は、「追善供養」[参照→別巻『死んだらどうなるの？』コラム「浄土真宗は○○しない!?」] を否定した言葉ですが、親鸞聖人は次のように言葉を加えられています。

> そのゆゑは、一切の有情はみなもつて世々生々の父母・兄弟なり　　　　　(『歎異抄』第５条、『註釈版聖典』834頁)

　すべての生きものは、これまで何度となく生まれかわり死にかわりしてきた中で、父母であり、兄弟・姉妹であった、と気づかされたというのです。あらゆる「生きもの」、すなわち「いのちあるもの」は、果てしなく長い間、輪廻転生する存在です[参照→別巻『死んだらどうなるの？』Chapter1-Q.01]。その間に、あるときは父母となり、あるときは子となり、あるときは兄弟・姉妹となり、生まれかわり死にかわりし続けてきたのです。輪廻を前提とすれば、父母・兄弟ではなく、鳥や虫、獣、天人などになっていたのかもしれません。それほど私たちは幅広い「いのち」のつながりの中に生きてきた。そして、先立たれた方とも、生前とは異なる関係性で生きていくことになります。

　「私の親だから」「あの人の友人だから」葬儀をする、ということではなく、縁あったものたちが思いを共有し、同じく悲しみ、故人を偲んでいく。そして、故人を中心とした「いのち」のつなが

りに気づく。それが葬儀であり、法事なのです。

◆ 仏典のことば（略解説）

❁ 『大パリニッバーナ経』

お釈迦さまは80歳になり、王舎城郊外からクシナガラ（マッラ国）に至る総
延長350キロの最後の旅に出られました。その道中での説法や、涅槃前後
のエピソードが説かれたパーリ語の経典です。

> `Chapter 1-Q 07` 尊者アヌルッダと若き人アーナンダとは、その夜じゅう、〈法に
> 関する講話〉を説いて過ごした。
>
> （中村元訳『ブッダ最後の旅―大パリニッバーナ経』163頁）

▼ お釈迦さまが涅槃に入られたその夜、お釈迦さまを慕う人びとは嘆き悲しんでい
ました。アヌルッダ（阿㝹楼駄）とアーナンダ（阿難）は、夜通し、お釈迦さまの
遺された教えを確認しあって過ごされました。

❁ 『仏説無量寿経』

親鸞聖人が「真実の教」とされた浄土真宗の正依の経典です。阿弥陀さまが
法蔵菩薩であったとき、あらゆるものを救おうと48の願いを建てられ、そ
の願いが完成して阿弥陀という仏さまに成られたことが説かれています。

> `Chapter 1-Q 03` 清風、時に発りて五つの音声を出す。微妙にして宮商、自然にあ
> ひ和す。
> （『註釈版聖典』33頁）

▼ 浄土には清らかな風が吹き、それらは見事に調和して美しい音色を奏でているこ
とが説かれています。親鸞聖人は、この経文をもとに和讃を作り、「清風宝樹をふ
くときは いつつの音声いだしつつ 宮商和して自然なり 清浄勲を礼すべし」（『浄
土和讃』、『註釈版聖典』563頁）とたたえられました。

> `Chapter 1-Q 05` 特に此の経を留めて止住すること百歳せん。 （『註釈版聖典』82頁）

▼ 経典の終わりに、お釈迦さまが弥勒菩薩に対して語った言葉です。お釈迦さまは、
自分が亡くなった後、未来にはさまざまな教えが失われてしまうかもしれないが、
この経典に説かれた教えは、いつまでも留まって、あらゆる衆生を救うだろう、
と説かれました。

❁ 源信和尚 『往生要集』

日本で浄土教を弘められた源信和尚（942-1017）の著作です。地獄の描写
で有名ですが、その目的は、浄土に往生することを勧めることにありまし

た。さまざまな経典・論書に裏付けられた浄土教の教えを、日本に弘めた書です。

> **Chapter2-Q01** 財の布施すべきものなくは、他の施を修するを見る時に、しかも随喜の心をなせ。随喜の福報は、施と等しくして異なることなし。
> （『註釈版七祖篇』914頁）

▼正しく浄土に往生する方法としての念仏について説かれた大文第四（正修念仏）に引用された『因果経』の一節です。布施は、財力などがなければできないというものではなく、施しあう姿をみて喜ぶ心は、布施と同等の価値があると説かれています。

> **Chapter2-Q04** 業を受け、冠婚し、親を喪ひ、子をなすに泊ぶまで、つねに前の恩を念ひて忍びて語らず。
> （『註釈版七祖篇』851頁）

▼大文第一（厭離穢土）のまとめの文章の中で、玄奘三蔵の『大唐西域記』を引用された中の一節です。この世に生を受けることは、さまざまな苦しみの中で生きていかなければならないことでもあることが説かれています。

> **Chapter2-Q08** またかの土の衆生は、衣服を得んと欲へば、念に随ひてすなはち至る。仏の所讃のごとき法に応ぜる妙服、自然に身にあり。
> （『註釈版七祖篇』865頁）

▼大文第二（欣求浄土）の第四「五妙境界楽」で、『無量寿経』の四十八願に応じて荘厳された浄土の宮殿や楼閣、宝聚、衆鳥などが説かれているうちの一節です。浄土では、仏さまのみ教えに応じた妙なる衣服が、自然に身につけられると示されています。

🪷 親鸞聖人『顕浄土真実教行証文類』（教行信証）

親鸞聖人（1173-1263）が生涯をかけて制作された浄土真宗の根本聖典です。『仏説無量寿経』の本願文・本願成就文を中心に、さまざまな仏教典籍のご文が配置され、浄土真宗のみ教えが教・行・信・証・真仏土・化身土の6巻に示されています。

> **Chapter2-Q03** また法蔵第一の財とす。清浄の手として衆行を受く。信はよく恵施して心に悋しむことなし。信はよく歓喜して仏法に入る。
> （『註釈版聖典』238頁）

▼第3巻「信巻」三一問答・法義釈・信楽釈に引用された『華厳経』（賢首品）の文で、信について説かれた一節です。私たちは、生きている中で何とか財を作り、豊かな生活を送りたいと願うものです。しかし経典には、仏法こそが第一の財である

と説かれています。

Chapter2-Q07 しかるに愚禿釈の鸞、建仁辛酉の暦、雑行を棄てて本願に帰す。

（『註釈版聖典』472頁）

▼ 後序に説かれた一節で、法然聖人のもとで阿弥陀さまの本願のみ教えに出遇われた喜びを表現されています。ここでは、「愚禿釈の鸞」と自称されています。阿弥陀さまの光に照らされて知らされたご自身の姿を「愚禿」と称し、仏弟子であることを「釈」の字を用いて示されています。

❀ 親鸞聖人「正信念仏偈」

『教行信証』第2巻「行巻」の末尾にある偈文で、経典（主として『仏説無量寿経』）に依る段と、七高僧（龍樹菩薩・天親菩薩・曇鸞大師・道綽禅師・善導大師・源信和尚・源空聖人）の教えに依る段で構成されています。浄土真宗のみ教えが120句のうたの中に凝縮されています。

Chapter1-Q01 帰命無量寿如来　南無不可思議光（『浄土真宗聖典全書』第2巻60頁）

▼ 「正信偈」冒頭2句を「帰敬頌」といいます。親鸞聖人は「無量寿如来に帰命し、不可思議光に南無したてまつる」（『註釈版聖典』203頁）と訓まれています。「私たちの思いはからうことのできない、限りない光と寿命の仏さまに帰命いたします」という意味です。

Chapter1-Q06 弥陀仏の本願を憶念すれば、自然に即の時必定に入る。ただよくつねに如来の号を称して、大悲弘誓の恩を報ずべしといへり

（『註釈版聖典』205頁）

▼ 依釈段のはじめ、龍樹菩薩の教えをたたえる4句です。阿弥陀さまの本願を信じて念仏すれば、必ず仏になる身に定まります。私たちは、疑うことなく念仏しなさいと、仏さまが呼びかけておられるその言葉を受け入れて、念仏しながら生きていく身となるのです。

❀ 親鸞聖人『浄土和讃』

親鸞聖人が76歳頃に制作された今様形式のうたです。曇鸞大師の『讃阿弥陀仏偈』に基づく和讃に始まり、「浄土三部経」（『仏説無量寿経』『仏説観無量寿経』『仏説阿弥陀経』）などの意によって、阿弥陀さまやその浄土の徳が讃嘆されています。

Chapter3-Q05 十方微塵世界の　念仏の衆生をみそなはし　摂取してすてざれば
阿弥陀となづけたてまつる　（第82首、『註釈版聖典』571頁）

▼善導大師は『往生礼讃』に、『観無量寿経』真身観の「一々の光明は、あまねく十方世界の念仏衆生を照らし、摂取して捨てたまはず」（『註釈版聖典』102頁）と『阿弥陀経』の「かの仏の光明無量にして、十方の国を照らすに障礙するところなし。このゆゑに号して阿弥陀とす」（『註釈版聖典』123頁）を合わせて、阿弥陀さまの名前の由来を示されました。親鸞聖人は、これをもとに、阿弥陀さまの名前のいわれは、生きとし生けるものを必ず光の中に摂め取って捨てないことにあることをたたえられています。

Chapter3-Q07 ▷ 安楽浄土にいたるひと　五濁悪世にかへりては　釈迦牟尼仏のごとくにて　利益衆生はきはもなし　（第20首、『註釈版聖典』560頁）

▼浄土に往生され仏さまと成られた方は、お釈迦さまがこの世にお生まれになって仏さまの教えを説き弘められたように、この世に還ってきてさまざまな人びとを教え導くはたらきをされる。このことをたたえられています。

🪷 親鸞聖人『高僧和讃』

親鸞聖人が76歳頃に制作された今様形式のうたです。浄土真宗の七高僧の生涯やみ教えを讃えるご和讃がまとめられています。

Chapter1-Q02 ▷ 本願力にあひぬれば　むなしくすぐるひとぞなき　功徳の宝海みちみちて　煩悩の濁水へだてなし　（第13首、『註釈版聖典』580頁）

▼天親菩薩のみ教えをたたえるご和讃です。阿弥陀さまの本願のはたらきに出遇ったならば、煩悩を抱えながらも、浄土へと続く本当の人生を力強く歩むことができる。このことをたたえられています。

🪷 親鸞聖人『正像末和讃』

親鸞聖人が86歳頃以降に制作された今様形式のうたです。仏教の時代観に基づいて、阿弥陀さまの教えが正法・像法・末法のすべての時代に通じることがうたわれています。

なお、『浄土和讃』『高僧和讃』『正像末和讃』の３つをあわせて『三帖和讃』といい、「和語の教行信証」ともいわれています。

Chapter3-Q06 ▷ 如来大悲の恩徳は　身を粉にしても報ずべし　師主知識の恩徳もほねをくだきても謝すべし　（第59首、『註釈版聖典』610頁）

▼浄土真宗でもっとも有名なご和讃として知られる恩徳讃です。浄土真宗で大切にされる仏恩報謝・御恩報謝のみ教えが簡潔に示されています。善導大師や聖覚法印のお言葉を承けて制作されたと言われています。

🪷 『親鸞聖人御消息』

親鸞聖人が、晩年、関東の門弟に宛てたお手紙43通を集成したものです。親鸞聖人と門弟とのやりとりの中に、浄土真宗のみ教えが端的に表現されています。

Chapter1-Q04 ▷ 弥陀の本願と申すは、名号をとなへんものをば極楽へ迎へんと誓はせたまひたるを、ふかく信じてとなふるがめでたきことにて候ふなり。

(第26通、『註釈版聖典』785頁)

▼ 弟子の有阿弥陀仏からの質問に応えたお手紙の中の一節です。阿弥陀さまの名号を称えるものを極楽浄土に迎えようと誓われたのが本願であり、それを深く信じて念仏することが殊勝であると述べられています。

🪷 『歎異抄』

親鸞聖人の直弟子・河和田の唯円の作と考えられています。親鸞聖人と唯円らとの日常の会話の中に、浄土真宗のみ教えが豊かに展開されています。

Chapter2-Q06 ▷ この法をば信ずる衆生もあり、そしる衆生もあるべしと、仏説きおかせたまひたることなれば、われはすでに信じたてまつる

(『註釈版聖典』841頁)

▼ 第12条の一節です。阿弥陀さまはいつでもだれでもどこでもできる念仏の教えをわたしたちに届けてくださっています。仏さまのみ教えを信じるものもいれば、謗るものもいる。しかし、親鸞聖人は、仏さまの仰ることだから、本当のことであると信じて疑わないことを表明されています。

Chapter3-Q01 ▷ 煩悩具足の凡夫、火宅無常の世界は、よろづのこと、みなもってそらごとたはごと、まことあることなきに、ただ念仏のみぞまことにておはします

(『註釈版聖典』853頁)

▼ 後序の一節です。私たちは、むさぼり・いかり・おろかさを常に身に携え、自他ともに苦悩に沈めていくような、さまざまな心のはたらきを持ち合わせています。この世にあるかぎり、私たちは、愛欲におぼれ、いかりやはらだちの心を自分に他人に強要しつづけています。そうした中で、ただ念仏のみが「真実」であるとおっしゃっています。

🪷 覚如上人 『親鸞聖人伝絵』（御伝鈔）

本願寺第3代覚如上人（1270-1351）が、親鸞聖人の生涯や遺徳をたたえるために制作された絵巻物で、その詞書を抜き出したものを「御伝鈔」とい

います。親鸞聖人の書物に基づく内容や、覚如上人が親鸞聖人の御旧蹟を巡って蒐集された記事が含まれています。

> **Chapter1-Q08** しかるに終焉にあふ門弟、勧化をうけし老若、おのおの在世のいにしへをおもひ、滅後のいまを悲しみて、恋慕涕泣せずといふことなし。
>
> (下第6段、『註釈版聖典』1060頁)

▼ 親鸞聖人は、お念仏を称えつつ浄土に往生されていきました。そのご臨終に立ち会われた門弟がたや、生前に親鸞聖人のみ教えをうけた人びとが、親鸞聖人の死に際して嘆き悲しむ姿が表現されています。

🪷 蓮如上人 『御文章』

本願寺第8代蓮如上人が、折りに触れて各地の門弟に宛てて記されたお手紙です。浄土真宗のみ教えが明快に説かれており、後に5帖80通が選定されて「五帖御文章」としてまとめられています。

> **Chapter2-Q02** まことに死せんときは、かねてたのみおきつる妻子も財宝も、わが身にはひとつもあひそふことあるべからず。
>
> (『註釈版聖典』1100頁)

▼ 1帖目第11通「電光朝露章」と呼ばれる一通です（文明5年9月中旬）。いくら栄華を誇っても人生は50年や100年で閉じてしまう。いつ病気にかかるかわからない。大切な人がいようとも、いくら蓄財しようとも、独り身で亡くなっていくしかない。蓮如上人は、このようなあり方だからこそ、阿弥陀さまのみ教えを信じて念仏すべきであると示されています。

> **Chapter2-Q05** 仏法を修行せんひとは、念仏者にかぎらず、物さのみいむべからずと、あきらかに諸経の文にもあまたみえたり。
>
> (『註釈版聖典』1097頁)

▼ 1帖目第9通「優婆夷章」と呼ばれる一通です（文明5年9月）。親鸞聖人が『教行信証』「化身土巻」に引用された『涅槃経』や『般舟三昧経』に基づいて、仏法を聞く者、念仏する者は、日の善し悪しによって行動を決めたり、物忌みをすることはないことが明言されています。

> **Chapter3-Q03** 昨日今日と打過行程に、はやうら盆にもなりにけり。依之無常を観ずるに、誠以夢幻の如し。 (『浄土真宗聖典全書』第5巻374頁)

▼ 五帖御文章には入っていませんが、お盆について言及された一通で、文明10年（1478）に記されたものと考えられています。何ともなく日常を過ごしていても、突然、病気や死が訪れ、それがいつになるのかも分からないという私たちのあり

方です。お盆を機縁として、阿弥陀さまのみ教えを聞いていくことの大切さが述べられています。

🪷『蓮如上人御一代記聞書』

蓮如上人の法語や訓戒などがまとめられた言行録の中で、最も代表的な書物です。門弟や人びととの会話の中に語られた蓮如上人のことばの数々から、浄土真宗のみ教えの要が浮かび上がります。

> `Chapter3-Q04` 仏法には明日と申すことあるまじく候ふ。仏法のことはいそぎいそげと仰せられ候ふなり。 (『註釈版聖典』1264頁)

▼第102条にある蓮如上人の言葉です。仏法に出遇うことは、無常の人生の中でいのちの大切さに気づかされることです。いのちの問題は後回しにすることができないものであることが、緊張感をもって伝えられています。

🪷『蓮如上人遺徳記』

蓮如上人の生涯や行実が記されたものです。覚如上人の『報恩講私記』にならって、「真宗再興の徳」「在世の不思議」「滅後の利益」という三段で示されています。

> `Chapter3-Q02` しかれば葬送中陰の間、念仏報恩の経営ふたご丶ろなく、勤行の丹誠を抽で、五旬の忌辰を経おはりぬ。 (『浄土真宗聖典全書』第5巻1283頁)

▼長禄元年（1457）、蓮如上人の父である本願寺第7代存如上人の葬送・中陰について書かれた部分です。葬送儀礼や中陰の期間には、阿弥陀さまのみ教えや、それがさまざまな方を通して伝えられてきたことに感謝しておつとめを行うべきことが述べられています。

★ 本書で使用した仏典

上記以外で、本文などで引用した仏典に、次のようなものがあります。

＊親鸞聖人『唯信鈔文意』

聖覚法印『唯信鈔』の題号や漢文で示された引用文の意味を、「ゐなかのひとびと」（東国の門弟たち）が理解できるように、註釈を加えられたもので、真筆が多く伝わっています。親鸞聖人は何度も書写し、門弟に与えて拝読を勧められました。

◆ 参考文献 ━━━━━━━━━━━━━━━━━━━━━━━━

　本書の執筆にあたって参照した書籍等は、専門的なもの（学術書・専門書）から、僧侶向けのもの（規範・解説書）、一般向けのもの（仏教や浄土真宗の入門書）、新書までさまざまなものがあります。いくつかのトピックに分けた上で、紹介します。

▼ 浄土真宗の葬儀・法事・仏事 ---------------------------------------

浄土真宗の葬儀は、「葬儀規範」に則って行われます。僧侶が参照すべきもののほか、葬儀や仏事についてわかりやすく紹介されている本もあります。

・『浄土真宗本願寺派　葬儀規範』
　　　　　　　　　（浄土真宗本願寺派勤式指導所 編、本願寺出版社、2009年）
・『『浄土真宗本願寺派　葬儀規範』解説―浄土真宗の葬送儀礼―』
　（教学伝道研究センター本願寺仏教音楽・儀礼研究所 編、本願寺出版社、2010年）
・『浄土真宗 必携　～み教えと歩む～』第2版
　　　　　　　　　　　　　（浄土真宗必携編集委員会 編、本願寺出版社、2012年）
・『蓮如上人五百回遠忌法要記念出版 真宗儀礼の今昔』
　　　　　　　　　（浄土真宗教学研究所儀礼論研究特設部会 編、永田文昌堂、2001年）
・『真宗儀礼百華』第1～3巻
　（浄土真宗本願寺派総合研究所 仏教音楽・儀礼研究室 編、本願寺出版社、2016年）
・末本弘然『浄土真宗　新・仏事のイロハ』（本願寺出版社、2012年）
・岡崎諒観『浄土真宗本願寺派　葬儀についての一考察』（永田文昌堂、1984年）
・北塔光昇『仏教・真宗と直葬―葬送の歴史と今後―』（自照社出版、2013年）
・普賢保之 「浄土真宗における年回法要の意義について」（教学研究所ブックレット
　No.3『真宗における伝道』第2章、本願寺出版社、2001年）
・浄土真宗本願寺派総合研究所ブックレットNo.22 教学シンポジウム記録・親鸞聖
　人の世界（第5回）『現代における宗教の役割―葬儀の向こうにあるもの―』
　　　　　　　　　　　　　　　　　　　　　　　　　（本願寺出版社、2012年）
・浄土真宗本願寺派『ご縁～結ぶ絆から、広がるご縁へ～』Vol.4「いのちと死をみ
　つめて」（浄土真宗本願寺派総合研究所・重点プロジェクト推進室 編、2015年）
・ブックレット基幹運動No.4『法名・過去帳』
　　　　　　　　　　　　　　　（基幹運動本部事務局 編、本願寺出版社、1997年）
・ブックレット基幹運動No.11『真宗の葬儀』
　　　　　　　　　　　　　　　（基幹運動本部事務局 編、本願寺出版社、2000年）
・仏事奨励リーフレット「また　あえる世界」（浄土真宗本願寺派）

※浄土真宗本願寺派（西本願寺）ホームページにて確認・ダウンロードできます。
・浄土真宗本願寺派　リーフレット「お仏壇を伝える　こころを伝える」
　　※浄土真宗本願寺派（西本願寺）ホームページにて確認・ダウンロードできます。

▼ 浄土真宗のみ教え・歴史 ------------------------------------

浄土真宗の葬送儀礼は、浄土真宗のみ教えに基づいて行われます。なかなか難しい内容のものもあるかと思いますが、易しい内容の本も刊行されています。

・大谷光淳『令和版 仏の教え―阿弥陀さまにおまかせして生きる』(幻冬舎、2020年)
・『13歳からの仏教―一番わかりやすい浄土真宗入門―』
　　　　　　　　　　　　　　　　　　（龍谷総合学園 編、本願寺出版社、2013年)
・小池秀章『高校生からの仏教入門―釈尊から親鸞聖人へ―』
　　　　　　　　　　　　　　　　　　　　　　　　（本願寺出版社、2009年)
・『65歳からの仏教―おとなのための浄土真宗入門』(本願寺出版社、2014年)
・森田真円・釈徹宗『浄土真宗はじめの一歩』(本願寺出版社、2012年)
・黒田覚忍『はじめて学ぶ七高僧―親鸞聖人と七高僧の教え―』
　　　　　　　　　　　　　　　　　　　　　　　　（本願寺出版社、2004年)
・『釈尊と親鸞―インドから日本への軌跡―』
　　　　　　　　　　　　　　　　　（龍谷ミュージアム 編、法蔵館、2011年)
・『浄土三部経と七祖の教え』(勧学寮 編、本願寺出版社、2008年)
・『親鸞聖人の教え』(勧学寮 編、本願寺出版社、2017年)
・千葉乗隆・徳永道雄『親鸞聖人―その教えと生涯に学ぶ』(本願寺出版社、2009年)
・岡村喜史『日本史のなかの親鸞聖人―歴史と信仰のはざまで―』
　　　　　　　　　　　　　　　　　　　　　　　　（本願寺出版社、2018年)
・『増補改訂　本願寺史』第1〜3巻
　　　　　　　　（本願寺史料研究所 編纂、本願寺出版社、2010・2015・2019年)

▼ 仏教の教え、釈尊の教え ------------------------------------

仏教式の葬儀は、釈尊の教えや実際の葬儀に由来するものも多くあります。

・中村元訳『ブッダ神々との対話―サンユッタ・ニカーヤⅠ』(岩波文庫、1986年)
・中村元訳『ブッダのことば―スッタニパータ』(岩波文庫、1984年改訳)
・末木文美士『仏典をよむ―死からはじまる仏教史』(新潮社、2009年)
・『釈尊の教えとその展開 インド篇』(勧学寮 編、本願寺出版社、2008年)
・『釈尊の教えとその展開 中国・日本篇』(勧学寮 編、本願寺出版社、2009年)
・龍谷ミュージアム2017年度秋期特別展図録『地獄絵ワンダーランド』

（三井記念美術館・龍谷大学龍谷ミュージアム・NHKプロモーション 編、NHKプ
ロモーション、2017年）

▼ 死と葬儀について --

人間の死の意味や葬儀については、現在、さまざまな分野で研究・提言さ
れています。民俗学・歴史学・宗教学・仏教学・仏教史学・社会学・経済
学など、各分野のエキスパートたちがいろんな角度から分析されています。

・小谷みどり『〈ひとり死〉時代のお葬式とお墓』（岩波新書、2017年）
・松尾剛次『葬式仏教の誕生　中世の宗教革命』（平凡社新書、2011年）
・『冠婚葬祭の歴史―人生儀礼はどう営まれてきたのか』
　（互助会保証株式会社・一般社団法人全日本冠婚葬祭互助協会 編、水曜社、2014年）
・碑文谷創『葬儀概論』（表現文化社、2011年 増補3訂）
・ジャンケレヴィッチ著・仲澤紀雄訳『死』（みすず書房、1978年）
・蒲池勢至『真宗民俗史論』（法蔵館、2013年）
・新谷尚紀『葬式は誰がするのか　葬儀の変遷史』（吉川弘文館、2015年）
・勝田至 編『日本葬制史』（吉川弘文館、2012年）
・水藤真『中世の葬送・墓制―石塔を造立すること』（吉川弘文館、1991年）

▼ 仏教各派の仏事や葬儀について --------------------------------------

仏事や葬儀における作法は宗派によって異なるものがあります。下記の書
籍などが参考になります。

・前田壽雄『仏事Ｑ＆Ａ　浄土真宗本願寺派』（国書刊行会、2014年）
・曹洞宗総合研究センター『仏事Ｑ＆Ａ　曹洞宗』（国書刊行会、2015年）
・日蓮宗現代宗教研究所『仏事Ｑ＆Ａ　日蓮宗』（国書刊行会、2015年）
・浄土宗総合研究所『仏事Ｑ＆Ａ　浄土宗』（国書刊行会、2015年）

▼ お墓・納骨について --

近年、民俗学などによる研究がめざましい発展を遂げています。新書から
専門書まで多く出版されています。

・岩田重則『「お墓」の誕生―死者祭祀の民俗誌』（岩波新書、2006年）
・森謙二『墓と葬送の社会史』（吉川弘文館、2014年）
・小谷みどり『だれがお墓を守るのか―多死・人口減少社会のなかで』
　　　　　　　　　　　　　　　　　　（岩波ブックレットNo.935、2015年）

・吉川美津子『お墓の大問題』(小学館新書269、2016年)
・『葬儀と墓の現在―民俗の変容』(国立歴史民俗博物館 編、吉川弘文館、2002年)
・『盆行事と葬送墓制』(関沢まゆみ・国立歴史民俗博物館 編、吉川弘文館、2015年)
・鈴木岩弓・森謙二 編『現代日本の葬送と墓制―イエ亡き時代の死者のゆくえ』
(吉川弘文館、2018年)
・関沢まゆみ 編『民俗学が読み解く葬儀と墓の変化』(国立歴史民俗博物館叢書2、
朝倉書店、2017年)
・槇村久子『お墓の社会学―社会が変わるとお墓も変わる―』(晃洋書房、2013年)

▼ 浄土真宗本願寺派総合研究所では、
　　研究の成果を『宗報』などに報告しています。-----------------
各記事は、総合研究所ホームページ(http://j-soken.jp)にてご覧いただ
けます。

・【シリーズ】「考えさせられる」葬儀　2020年度現在、(一)～(十三)まで
『宗報』2018年5月号～2021年3月号
・【シリーズ】葬送儀礼の現状を考える　全8回
『宗報』2014年11・12月号～2016年5月号
・【シリーズ】葬送儀礼の問題を考える　全6回
『宗報』2010年8月号～2013年3月号
・【シリーズ】ニューズレター「仏教儀礼」「仏教音楽」
2006年1月「創刊号」～2013年3月「第15号」
・【シリーズ】リーフレット
「シリーズ大遠忌I～IV」「除夜会　元旦会」「永代経」「お彼岸」「お盆」「報恩講」
・「葬儀は、人間が人間であることの証し」(『宗報』2010年6月号)
・「葬送儀礼における宗教性について(前編・後編)」(『宗報』2019年8月号、9月号)
・「法名とは」(『本願寺新報』2013年3月1日号)
・『浄土真宗総合研究』第8号《特集　浄土真宗における葬儀》
(浄土真宗本願寺派総合研究所、2014年3月)

佐々木恵精「欧米における浄土真宗の葬儀事情 ―葬儀の意義を求めて―」
満井　秀城「浄土真宗としての「葬儀」の意味」
菊川　一道「「葬儀不要論」の研究 ―戦後から近年までの変遷をめぐって―」
丘山　　新「[報告]なぜ今、葬儀研究プロジェクトなのか」

● **これでわかる！ 浄土真宗の葬送儀礼**

流れでわかる！ 浄土真宗の葬儀

　葬儀前後の３つに分けて、葬儀の流れを確認してみます。

　併せて、各勤行とその時に用いるお経などを示しておきますので、一緒におつとめしましょう（詳しくは、『『浄土真宗本願寺派葬儀規範』解説―浄土真宗の葬送儀礼―』をご参照ください）。

☑ 亡くなる前の準備

　葬儀のこと、仏壇のこと、お墓のこと、相続などの手続きのこと…。考えておくべきことはたくさんあります。別巻『死んだらどうなるの?』の附録「私の相談ノート」を活用して、家族やお寺と相談しておきましょう。

☑ 臨終～通夜（葬儀前日まで）

　亡くなると、死亡の手続き、遺体のケアなどが順次行われます。お寺に連絡の上、葬儀の流れを確認しておきましょう。

　　▶ **臨終勤行** ------ 命終わろうとする時に臨んで、本人が執り行う。
　　　　　　　　　　　（実際には、住職が代わりに行う場合が多い）
　　　　　　　　　　　📖 仏説阿弥陀経　　　　📖 高僧和讃

　　▶ **納棺勤行** ------ 遺体をお棺に納めた後に執り行う。
　　　　　　　　　　　📖 往覲偈（『仏説無量寿経』より）

　　▶ **通夜勤行** ------ 葬場勤行までの夜ごとに執り行う。
　　　　　　　　　　　📖 仏説阿弥陀経　　　　📖 高僧和讃
　　　　　　　　　　　〔または 📖 正信念仏偈　📖 浄土和讃〕
　　　　　　　　　　　📖 御文章（大聖世尊章など）

☑ 葬場～火葬～還骨（葬儀当日）

　葬儀当日は、出棺・葬場のおつとめをします。葬儀後は、火葬場に行き荼毘に付します。収骨後、自宅などのご本尊の前でおつとめします。

　　▶ **出棺勤行** ------ お棺を葬場に送り出すにあたって執り行う。
　　　　　　　　　　　📖 帰三宝偈（善導大師『観経疏』「玄義分」より）

▶葬場勤行 ------ 近親者や有縁の人びとが集まって葬場で執り行う。
　　　　　　　📖正信念仏偈　　　　📖高僧和讃

▶火屋勤行 ------ 火葬場において遺体を火葬する前に執り行う。
　　　　　　　📖重誓偈（『仏説無量寿経』より）

▶収骨勤行 ------ 収骨した遺骨を骨壺に納めた後に執り行う。
　　　　　　　📖讃仏偈（『仏説無量寿経』より）

▶還骨勤行 ------ 遺骨を持ち帰りご本尊の前に据えて執り行う。
　　　　　　　📖仏説阿弥陀経　　　　📖浄土和讃
　　　　　　　📖御文章（白骨章）
　　　　　　　※勤行後、ご遺骨（骨壺）は中陰壇に移します。

☑ 葬儀後の各種法要

▶中陰法要 ------ 故人が亡くなられてから７日ごとに執り行う。
　　　　　　　四十九日が満中陰。

▶月忌法要 ------ 故人の命日に因んで、毎月執り行う。

▶百か日法要 ---- 故人が亡くなられてから100日目に執り行う。

▶一周忌法要 ---- １年後の祥月命日に執り行う。

▶三回忌法要 ---- 一周忌の１年後の祥月命日に執り行う。

※以降、七回忌、十三回忌、二十五回忌、五十回忌と続いていきます。二十三
　回忌・二十七回忌をつとめる地域もあります。

📖各法要では「正信念仏偈」や『仏説阿弥陀経』などを用いる

《浄土真宗の葬儀》

・大切な方の死を縁として有縁の人びとが寄り集り、故人を偲ぶ

・故人も遺されたものも等しく救うと誓われた阿弥陀さまへ「報恩
　感謝」の思いをいたし、仏さまとのご縁を結ぶ「法縁」の場

・日常から親しまれている「正信念仏偈」や『仏説阿弥陀経』など
　を依用する

聞いてわかる！ 浄土真宗の葬儀

☑ 無常の道理を知らされる

　生まれは年齢順であっても、死はそうとは限りません。無常の道理を知らされるのが、大切な人の「死」に直面したときです。親鸞聖人の曾孫にあたる本願寺第３代覚如上人は、

> 「人間の八苦のなかに、さきにいふところの愛別離苦、これもっとも切なり」　　　（『口伝鈔』第18条、『註釈版聖典』907頁）

と述べられています。愛すべき者と別れなければならない苦しみ、「愛別離苦」は私たちにとって最も切なるものです。こうした苦しみ、悲しみが表出するのが、葬送儀礼の場です。

☑ 阿弥陀さまの願いを聞く

　浄土真宗のみ教えでは、本願を信じ念仏する者は、阿弥陀さまに摂め取られて、現生においてすでに往生することのできる身に定まっています。浄土真宗の葬儀では、お経を読み、念仏し、法話を聞くことを大切にしています。その中で、故人も遺されたものも等しく阿弥陀仏の救いの中にあることを聞かせていただき、そのことに「報恩感謝」の思いを巡らせる場となるのが、葬送儀礼の意義です。

☑ ご縁を結ぶ

　「死」は大切な方との別れを意味しますが、決して無関係になるということではありません。葬送儀礼は、大切な人の死を迎え、遺されたものが仏さまの前に集まって、その方を偲ぶことに大きな意味があります。先だった方も遺されたものも、みな仏さまとともにあるんだということを聞かせていただく中に、〈仏となられた故人と私〉の新たな関係、〈遺された人びとと私〉の新たな関係、そして〈仏さまと私〉との関係が結ばれていきます。有縁の方々が寄り集まって、み教えを聞かせていただき、３つのご縁が結ばれていく。これが、浄土真宗で葬送儀礼を営む大切な意味です。

歴史でわかる！ 浄土真宗の葬儀

☑ 宗祖・親鸞聖人 (1173〜1263)

　浄土真宗においては、親鸞聖人のお葬式が最初期の例です。その様相は、『親鸞聖人伝絵』などで知られます。葬法は、当時の仏教の一般に倣った方式・方法だったと考えられおり、葬列に際しては念仏が称えられていたようです。親鸞聖人の遺骨は大谷の墓所に納骨されました。後に廟堂が建てられて影像が安置され（大谷廟堂）、寺院（本願寺）となっていきます。

　なお、親鸞聖人の葬儀は、本願寺第3代覚如上人の葬儀にも踏襲されました。『存覚上人袖日記』には、「大祖旧例ニマカセ」「大祖ノ行装ヲマネビテ」（『浄土真宗聖典全書』第4巻1460頁）などと示されています。また、収骨の時に善導大師の『往生礼讃』無常偈が用いられたことなどが記されています。

☑ 本願寺第8代・蓮如上人 (1415〜1499)

　蓮如上人は、『正信偈和讃』を刊行し、日常のおつとめに取り入れるなどされました。ご自身のお葬式においても『正信偈和讃』をつとめるようにと遺言されています。『金森日記拔』（『浄土真宗聖典全書』第6巻1055頁）によれば、御影堂で「正信偈」、阿弥陀堂で「帰三宝偈」を読誦して出棺し、葬場にて「正信偈」と次のような「和讃」三首（いずれも『正像末和讃』）が読まれました。

　　「无始流転の苦をすて丶　　无上涅槃を期すること

　　　如来二種の回向の　恩徳まことに謝しがたし」

　　「南无阿弥陀仏の回向の　恩徳広大不思議にて

　　　往相回向の利益には　還相回向に回入せり」

　　「如来大悲の恩徳は　身を粉にしても報ずべし

　　　師主知識の恩徳も　骨をくだきても謝すべし」

　蓮如上人の葬儀は、実如上人以降の歴代宗主などにも継承されました。さらに他の方々にも適用されることで、次第に形式が整えられていき、現在につながる浄土真宗の葬送儀礼が形成されてきました。

おわりに

冨島信海

　浄土真宗本願寺派総合研究所では、現代における葬送儀礼やお墓の課題について研究を続けています。葬儀の課題を継続的に研究していく中で感じたことは、僧侶は人びとに何を問われているのかということ、そして「私たちが説明したいこと」と「人びとが答えてほしいこと」の間に大きな隔たりがあるのではないかということでした。ある日、どんなことが問われているのだろうかと思い、WEB上の葬儀関連情報や葬儀社のホームページなどを閲覧してみました。お坊さんの目線で見てみますと、私たちが葬送儀礼で伝えたいと思っていることと、実際に葬儀を執り行う喪主や遺族などに提供されている情報に差があるのではないかと感じました。そこで、さまざまな媒体から、葬儀に関する質問事項を集めてみることから、本書は始まりました。

　喪主として参列者として知っておきたいこと、手続きのことなど、葬儀を行う上で実際に不安になることなどが「よくある質問」としてあげられます。その一方で、そうした質問には見られない「問い」もあることが浮かび上がってきました。「死んだらどうなるのか?」「どうして葬儀をするのか?」といった問いは、葬儀社ではなく、お坊さんが答えるべき問いです。お坊さんに聞きたい問い、お

坊さんが答えるべき問いをたてることが次のステップでした。

　お坊さんが答えるべき問いは、お坊さんがはっきりと答えづらいもの、曖昧にされてきたものが多くあります。本書では、お坊さんが答えるべき問いに、これが正解だ、と答えを与えるものではなく、問いにアプローチするための筋道の例を示すことに主眼を置きました。本書の執筆を通して、問いをたて、自分のこととして考えていくことこそが大切なのではないかと、今になって思っています。

　充分な回答をできていないものもあるかと思いますが、私たちはここで一旦みなさまにバトンを渡したいと思います。そして本書がともに葬儀やお墓について考えていくきっかけとなってほしいと願っています。

〔謝辞〕

　本書の執筆・編集に当たり、浄土真宗本願寺派総合研究所の丘山願海所長、満井秀城副所長、藤丸智雄副所長、および研究員のみなさまには、ご助言・校正など多大なご協力を賜りました。この場をお借りいたしまして、本書のためにご尽力くださいました方々に、心より謝意を表したいと思います。

（2021年３月記　岡崎秀麿・冨島信海）

岡崎 秀麿（おかざき・ひでまろ）

1979年生まれ。浄土真宗本願寺派総合研究所上級研究員、龍谷大学非常勤講師、大阪大谷大学非常勤講師など。山口県宇部市・正圓寺衆徒。博士（文学）。専門は、真宗学（助正論）、中国浄土教、生命倫理。2013年より葬送儀礼の基礎研究に携わる。

【論文】「「仏教の社会的実践を問う」という試み」（『浄土真宗総合研究』第13号、2020年）ほか。

冨島 信海（とみしま・のぶみ）

1985年生まれ。浄土真宗本願寺派総合研究所研究員、龍谷大学非常勤講師など。広島県安芸高田市・長圓寺住職。博士（文学）。専門は、真宗学（『教行信証』）、書誌学。2015年より葬送儀礼の基礎研究に携わる。

【論文】「本願寺の系譜―歴代宗主の事績と聖教―」（『浄土真宗総合研究』第10号、2016年）ほか。

ねぇ、お坊さん教えてよ
どうしてお葬式をするの?

2021（令和3）年11月15日　第一刷発行
2022（令和4）年1月20日　第二刷発行

著　　者	岡崎 秀麿、冨島 信海（浄土真宗本願寺派総合研究所）
装丁・扉 本文デザイン	村田 沙奈（株式会社ワード）
発　　行	本願寺出版社

　　　　　〒600-8501　京都市下京区堀川通花屋町下ル
　　　　　浄土真宗本願寺派（西本願寺）
　　　　　TEL 075-371-4171　FAX 075-341-7753
　　　　　https://hongwanji-shuppan.com/

印　　刷　株式会社アール工芸印刷社

ISBN978-4-86696-028-9 C0015　　　　　　　KR03-SH2-① 10-22